スマート
サイジング

価値あるものを探す人生

タミー・ストローベル　増田沙奈［訳］

駒草出版

私の人生を支えてくれている素晴らしい人たちへ。
私の人生のパートナーであり腹心の友のローガン。
私のタイニーハウスのヒーロー、ディー・ウィリアムス。
そして、常に強さと知恵を私に与え、見守ってくれている両親。
私に毎日気づきを与えてくれてありがとう。
あなたたちの存在なしに、この本は完成しなかった。

スマートサイジング

——価値あるものを探す人生

目次

プロローグ　「ふつう」を見直そう

自分の可能性を考えれば、私たちはまだ半分眠っているようなものだ。
——ウィリアム・ジェームズ（アメリカの哲学者）

あなたは、ターニングポイントに立ったことはある？　足もとから潮がさっと引いて、まったく新しい目で世界を見るようになった、そんな経験はある？

2007年12月31日。私にとってのターニングポイントは、あの日だった。あるアイデアが、私を深い眠りから目覚めさせたのだ。すべてのはじまりは、ユーチューブ（YouTube）に投稿されたわずか数分間のビデオだった。ディー・ウィリアムス。彼女の暮らしぶりを特集したそのビデオの中で、ディーは「ダウンサイジング」という考え方——ディーいわく「つまりは、自分自身をスマートサイズすること」——や、なぜ居心地が良いとはいえ、こんなにも小さなタイニーハウス［訳注：tinyはsmallよりもっと小さなものを指す言葉で、「tiny house」は「ものすごく小さな家」の意］を建てようと思ったのかを語っていた。

それを見たときだ。私は「自分の生活をシンプルにしたい」という思いに完全に取りつかれ、気づけばディーとその小さな家についての記事を読みあさっていた。ある記事では、ディーがグアテマラで学校を建てる活動に参加したことが紹介されていた。帰国後、ディーはこう思ったそうだ。「自分の生活には、本来なら必要でないモノがあまりにも多すぎる」

また、シンプルライフがテーマの雑誌『ザ・リトルハウス』の中で、ディーはグアテマラでの経験をこんなふうに語っている。「素晴らしい人たちに出会えたわ。みんな気前が良くて、親切で、でもふつうでは考えられないくらい貧しかった。家には、水道も電気もない。キッチンだってないし、お風呂と言えば近所と共有。それなのに、みんな幸せそうだった。少なくとも、彼らのおかげで私たちは楽しく仕事ができたし、彼らがいたからこそ私は幸せに気づけたの」

グアテマラから帰国後、ディーはオレゴン州ポートランドの大きな自宅を売り払った。そして劇的なまでのダウンサイジングに挑む決心をする。その結果が、あの小さなタイニーハウスだったのだ。8㎡ほど、わかりやすく言えば4畳ちょっとのその家は、グアテマラの人たちが暮らす家とちょうど同じサイズだった。

この話は、いろいろな意味で私の心を打った。ディーは、まさに私が「こうありたい」と願う理想の人物だった。人と深いきずなを築き、自分の住む町に貢献し、大好きなことをして生計を立てる……。そういった人生で何より大切なことを、ディーはちゃんと心得ていたからだ。ディーは、モノを手に入れることに価値を見出すのではなく、自分の物差しで自分だけの理想を生きていた。そして何より、私には幸せそうに見えた。

生活はシンプルに、考え方は大胆に——ディーとの出会いにより、私の中でそんな思いが湧き起こった。シンプルライフがテーマのブログや本をたくさん読んだあと、私は夫のローガンと一緒に、家の中のダウンサイジングに乗り出す決心をした。あれもこれも、と２人して家にあったモノのほとんどを人に譲った。おもしろいことに、モノを手放せば手放すほど、私たちの心は軽くなっていった。この感覚は、「幸せ」を研究対象とする学者たちの間では「ヘルパーズ・ハイ」と呼ばれていて、ボランティアやモノを譲るといった活動を通して人の役に立つことで、ストレスが減り幸福ホルモンが分泌されるのだという。

このターニングポイントを迎えるまで、私はずっとふつうの生活を送っていたのに、幸せにはなれなかった。私たち夫婦は3万ドルの借金を抱え、常にその支払いに追われ、そんな毎日に行き詰まりを感じていた。何かを変えなくちゃ。理想の生活を現実のものにするには、何かを変えなくちゃ。いつもそう思っていた。

この本を書くための調査をする中で、私は一般的なアメリカ人の生活の現状を知りたくなった。そして見つけた答えは、黙って見過ごすことのできないものだった。たとえば２０１１年9月、アメリカの貧困率は15・1%に達し、17年ぶりにその記録を更新した。国勢調査局によると、世帯収入は２００９年から２０１１年にかけて減少し、健康保険に加入しない人が増えたという。また、全米公共ラジオ局NPRは2011年9月、「驚くことに、全体的に見てあらゆる国民の収入が、最も不景気が深刻だった2008年よりも急激に落ち込んでいる」と報道した。さらにさまざまな調査からは、平均的なアメリカ人は1人当たり6・5枚のクレジットカードを所有しており、それによる借金は8000ドルにのぼることが指摘されている。

多くの人と同じように、私たち夫婦だって「ちゃんとしたい」という気持ちはあった。できることなら借金は今すぐ完済したいし、健康にだって気を遣いたいし、自分の町のためにも何かしたい。でも、ライフスタイルを方向転換するまで、その1つたりとも叶えることはできなかった。

シンプルに暮らしてみてはじめて、私たちはそんな思いを現実のものとすることができた。ライフスタイルを変えてから夫婦関係も良くなったし、家族や友人との付き合いも深まった。2台あった車を手放したら、2人してダイエットにも成功した。今はどこへ行くにも自転車だ。おまけに、「車のために毎月お金を稼がないと」といった不安からも解放された。そうして浮いたお金を、私たちは借金の返済にあてていったのだ。

この本が目指すこと

作家、旅行家、起業家というさまざまな顔を持つクリス・ギレボーは、『常識からはみ出す生き方――ノマドワーカーが贈る「仕事と人生のルール」』の中で、こう述べている。「僕は、誰かに『こうしろ』って言われるのが好きじゃない。だから僕も、みんなに『こうしろ』なんて言うつもりはないんだ」。私もクリスと同じ意見だ。私はシンプルライフや幸せについてのリーダーでもないし、そのすべてに答えを持っているわけでもない。私はただひたすら本を読んで、あらゆることを他人の生き方から学んでいるだけだ。

この本で私が述べるのは、自分とインタビューに応えてくれた人たちのさまざまな体験談だ。その中で、あなたがあなただけの幸せを見つけるきっかけとなるであろうアクションプランを、「スモール・アクション」と題して紹介していこうと思っている。それと、これまで自分が学んできてハッとさせられたことを、この場でシェアしたいと思っている。それは、たとえばこんなことだ。

・幸せは、自分の暮らす町とのつながりや人との深いきずなから生まれる。
・お金で幸せは買える。でも本当に大切なのは、「何にお金を使うのか」ということ。
・モノを買っては捨てるの繰り返しでは、いつまでたっても幸せにはなれない。
・足るを知るとは、幸せを知ること。つまりゆとりを持ち、自分のペースで生きること。
・新たな生活を切り拓くために必要なのは、たゆまぬ努力、忍耐、それに「新しい世界を知りたい」という強い気持ち。

つまりこの本は、ひと言で言えば自分とお金、時間、モノとの関係を見直し、いったい何が自分を幸せにしてくれるのかを、もう一度考えてみるための本だ。お届けしたいのは、これまでとは違うものの見方。新しい見方ができれば「こんなアイデアはどうだろう?」「こんな選択肢があってもいいんじゃない?」というふうに、常識から離れて物事を考えてみることができるはずだ。

シンプルに暮らすという概念は、時と場合によってさまざまな呼ばれ方をしている。たとえば「シンプルライフ・ムーブメント」「シンプル主義」「ダウンサイジング」「ミニマリズム」「タイニーハウス」などなど。このような言葉の背景には、核として「自分の選択をもっと意識する」という考えがある。

たとえば、「私もタイニーハウスに住みたい」と思ったとしよう。でも、このサイズの家じゃないとダメ、などということは決まっていない。タイニーハウスに住むという夢が実現していなくても、そういった人たちの仲間入りをすることは可能なのだ。シンプルライフとは、つまりは人生観のこと。持っているモノの数で決まるわけではないのだ。

人生なんて、あっという間

2010年のクリスマス、私は偶然、大叔母のマミーからもらった古い手紙を見つけた。

いつもなら、私は昔の手紙くらいで感傷的になったりはしない。けれどもこのとき、子どもの頃のたんすで眠っていたその手紙を見つけた私は、とても幸せな気持ちになった。

読み返しはじめるとどうしようもなく恋しくなってしまって、思いがけず手紙が涙でかすんだ。そして読んでいくうちに、大叔母がどれほど社会の常識に挑み続けていたかが思い出された。彼女はシンプルに暮らし、必要のないモノにお金をかけたりはしなかった。一生独身で子どももなく、車も持っていなかった。旅行が大好きで、どこにでもバスと自分の足で出かけていった。

そんなふうだったから、大叔母はアメリカ中をゆっくり旅行してまわることができた。どこへ行っても、友人や家族宛てに、自分の冒険を事細かに記した手紙を送ってよこした。大恐慌の頃に二十歳《はたち》そこそこだった女性が取った行動とは、とても思えない。世間は彼女に「結婚しろ」「子どもを産め」と迫った。旅行ばっかりするな。サンフランシスコなんかの大都会に引っ越さず、ワシントンの田舎町に引っ込んでればいいんだ……。

大叔母は手紙を通して、「幸せとは何か」「愛とは何か」「豊かな人生とは何か」を私に教えてくれる存在だった。ある一通には、他人から見れば取るに足らないような日常、たとえば花の水やり、スーパーまでの散歩、ご近所さんとの立ち話などが綴られていた。

そして最後に添えられていた言葉を読んで、私は思わず息を呑んだ。「いいかい、タミー。人生なんて、あっという間。自分の好きなことをして、人のために尽くしなさい。世間の言うとおりにしていれば幸せになれる、ってあなたが思っていたとしても仕方がない。それで当然。でも、私は違うと思う。あなたはあなたのままでいい。何かあったときには、このひと言を思い出しておくれ――夢を忘れるな」

私がこの手紙を受け取ったのは、高校生のときだった。当時の私にとって、大叔母のこの言葉は、まさに救いのひと言だった。彼氏もいなければ、今ふうの女の子にもなれずにいた私は、自分が幸せだと思えず落ち込んでばかりいた。なんとか目に見えるかたちで、自分がふつうだというのを自分自身に証明してみせようと必死だった。でもそんなことをしても、全然幸せにはなれなかった。だって、そもそもふつうの人なんていないんだもの。

ところが、マスコミから送られてくるメッセージは違う。テレビやネット広告は、私たちにこう語りかける。「幸せになりたい？　満たされたい？　ふつうでいたい？　だったら、何か買わなくちゃ」。そんなの嘘だ、と直感ではわかっている。幸せはデパートでは手に入らないのだから。けれども、マスコミというのはどうにも口のうまい相手なのだ。

作家で学者のノーマン・マクイーワンはこんな言葉を残している。「幸せとは、何かを得るのではなく、むしろ与えることで見出されるもの。生計を支えるのは得たものだが、人生を支えるのは与えたものなのだ」。マクイーワンのこの格言には、大叔母が手紙で私に伝えたかったことと通じるものがある。大叔母の手紙のように、この本はこれまでとは違った見方や生き方をあなたに提案してくれるはずだ。昔の私のように、半分眠ったままでただ毎日を過ごすことなんて、あなたにはしてほしくない。あなたには、あなただけの幸せを見つけてほしい。それが私の切なる願いだ。それでは、本当の幸せを手に入れる旅に一緒に出かけよう！

パート1

モノと幸せの矛盾した関係

第1章　モノを買っても幸せにはなれない

人は言う。私たちは生きる意味を求めているのだ、と。だが、私には到底そうは思えない。私たちが真に求めているのは、生きているという実感だ。

――ジョーゼフ・キャンベル（アメリカの神話学者）

カチャ、カチャ。スーツに手を伸ばすたびに、ハンガーが冷たい音を立てる。隣には友だちのリサ。私たちは今日もまた2人で、お決まりになった昼休みのショッピングに来ている。私はそんなに何着も素敵なスーツを持っているわけではないけど、リサはいつだっておしゃれ。だから、私はリサにいつも素敵な洋服を見立ててもらう。それに、この昼休みの時間をぬったショッピングは、〝キャンパス〟を脱出する絶好のチャンスなのだ。

キャンパスとは、上の連中が会社につけたあだ名のこと。大学のキャンパスさながらの規模を誇る私たちのオフィスは、4つの巨大なビルの集合体で、各ビルでは約400人が働いている。ビルは無表情で、私はその生気のなさにいつも砂漠を思い出す。見た感じ、キャンパスの中は幸せそうな人々で溢れているように思えるけれど、それは大間違い。そんな環境から脱出しようと、リサと私は週に一度、昼休みの時間を利用してアウトレットまで車を飛ばしていた。

だけど、キャンパスと比べてアウトレットのほうがずっと居心地が良いというわけでもなかった。確かに、モール内は緑や色鮮やかな花々で飾り立てられている。けれども、その明るさに反して、客から漂うのはマイナスのオーラ。誰もが殺気立っていて、特にセールのときなどは、まるでゾウの大群が押し寄せているみたいだった。

私も、その大群の一員だった。なんせゆっくり見ている時間がなかった。抜け出してきた檻のようなオフィスに、遅くとも1時までには戻らなくてはならなかったからだ。そしてほとんどの場合、私はスーツに合う素敵なブラウスを買って満足していた。少なくとも、その一瞬は。だがショッピングという名の逃亡が与えてくれる高揚感は、そう長くは続かなかった。

その頃の私は、カリフォルニア大学リバーサイド校の心理学教授ソニア・リュボミアスキーが『幸せがずっと続く12の行動習慣』の中で挙げている「快楽順応」状態。言い換えれば「快楽のランニングマシーン」に乗っている状態で、このランニングマシーンは、走れば走るだけ健康になれるというたぐいのものではない。むしろその逆で、走れば走るだけ気が滅入り、さらにほぼ間違いなく、借金とストレスが山のように増えていくという代物だった。要するにこうだ。新しい洋服を買う。一瞬、満たされた気持ちになる。でも、そのうち着慣れて飽きてしまう。よくよく考えてみると、私の投資はあまり見返りを生んでいなかった。モノにお金を使えば、未来の自分が幸せになれる——私はずっとそう信じていた。しかし違ったのだ。それを裏づける研究がある。

ノックス大学の心理学教授ティム・カッサーが『The High Price of Materialism（物質主義の高価性）』で述べたところによると、幸福度に関する意識調査において、1957年当時、アメリカ人の約35％が「とても幸せ」と答えていたという。そして驚くことに、それ以降、つまり経済的に豊かになり、あらゆるモノが家に溢れるようになって以降でさえ、その数字に達することはできていない。ということは、アメリカ人は物質的には豊かでも、見た目ほど幸せではないということになる。

さらにイギリスのニュー・エコノミクス財団による地球幸福度指数の調査では、アメリカ人の幸福度は143カ国中、なんと114位。この地球幸福度指数は「幸福がもたらす生態学的効率を測る画期的な方法であり、環境への負荷と幸福度を組み合わせることで環境効率を測り、国別の健康と幸福の度合いを示した初の指標」とされている。

調査結果を見ると、コスタリカ、マルタ、マレーシア、大半のヨーロッパ諸国、そして中南米に至ってはすべての国が、アメリカより上位にランクインしている。ここまで明暗が分かれたのは、恐らくアメリカが物質的な豊かさばかりを追い求め、それを幸せと取り違えているからだろう。

さらに別の研究からは、不満やネガティブな感情がモノへの執着心と深く結びついていることが指摘されている。たとえば、1976年に当時18歳の大学1年生1万2000人を対象に行われた調査において、モノへの強い執着心を示した学生のほうが20年後の再調査で、自分の生活への満足度が低いという結果が出ている。

カッサーはこう指摘する。「強い物質主義的価値観は、進行する幸福度の低下と結びついている。そしてこれは、生活への不満や無力感をはじめ、不安や悩み、頭痛などの体の不調、人格障害、自己中心的な考え方、常識のない行動といったかたちで表れてきている」。またカッサーは、このようなマイナスの副産物が、私たちをより一層モノを消費する事態へと走らせていると説く。そう、まさにこれが昔の私。

さらに付け加えるなら、物質的な豊かさばかりを追い求める人は、モノに対して「これを買えばこんないいことがあるはずだ、そうでなければおかしい」というかなり強い期待を持っている。言うなれば、私たちはモノ重視の考え方により、本来自分を幸せにしてくれるはずの人生の二大要素――「人と深く付き合う」ことと「好きな仕事をする」こと――を見失ってしまっているのだ。けれども幸い、そんなモノ重視の考え方を捨ててシンプルな暮らしを選ぶ人が、今どんどん増えてきている。

シンプルライフを応援する民間シンクタンク機関シンプリシティ・インスティテュート

の研究員、サミュエル・アレクサンダーとサイモン・アッシャーは２０１１年、シンプルライフをあえて選ぶ人の増加に関するグローバルなオンライン調査を行った。世界各国の計１７４８人を対象に行われたこの調査では、シンプルライフを選んだ理由やきっかけが尋ねられた。特に２人が注目したのは、統計的に見て、シンプルライフを送る人たちが今の自分の生活に満足しているかどうかという点だった。

結果は予想どおり、モノ、借金、仕事を自らの意志でダウンサイズした人たちは、以前より確実に生活の満足度が高くなっていた。また、シンプルライフを選んだ理由については、「自分ひとりのためだけではなかった」という声が多く聞かれた。もっと家族や友人と過ごす時間が欲しい、何か新しいことにチャレンジしてみたい、地域のために何かしたい——そんな思いが、人々をシンプルライフへと駆り立てていたのだ。

具体的には、全体の87％の人が「以前より今の生活に満足している」と答えた。アレクサンダーとアッシャーはこれに関して、「調査結果は、生活をシンプルにすれば幸せになれるということの証明ではない。ただ、この大規模調査に協力してくれた人の圧倒的多数が、シンプルに生きるようになって目に見えて生活の満足度が高くなったと感じているのは事実だ」と述べている。

もちろん、このような人たちに「前より幸せですか？」と聞くのは、言ってみればお菓子を前にした子どもに「お菓子は好き？」と聞くのと同じで、つまりイエスとしか答えようがないのかもしれない。しかし、この調査結果にはとても意義深いものがあるし、「ただなんとなくモノにしがみつく生活から抜け出してみては?」と誘われているようにも思える。特に、これから紹介する「モノさえあれば」という考え方が子どもに与える影響を知れば、あなたもそう思わずにはいられないはずだ。

母の体験談：モノに囲まれて育ってみて

小さな女の子が、階段にじっと腰かけている。その女の子は髪をくるくると指に巻きつけながら、ターザンをするサルの絵柄の色あせた壁紙を見つめている。これが、子どもの頃の母の日課の1つだった。こっそり部屋から抜け出すと、階段の一番上の段に座り込んで、父親の帰りを待っていたのだ。

その間、少女はずっとヒヤヒヤしていた。ベッドに入る時間はもうとっくに過ぎていたし、起きているのが見つかればただではすまない。そんなわけで、待ちくたびれた末にやっと父親が帰宅しても、彼女は怒られるのが怖くてただの一度も「おかえり」を言いにいくことができなかった。でも、たぶんそれで良かったのだ。そのあと決まってはじまる、お金をめぐる両親の言い争いを聞かずにすんだのだから。

私の母キャシー・ヘティックは、1948年にニューヨーク州ラウドンビル（州都オールバニーにある小さな町）で生まれた。一家は、あなたが欲しがるであろうモノをすべて手にしていた。何台ものボート、何台もの車、2階建ての豪邸、ジョージ湖のほとりの2つの別荘……。はたから見れば、母の家族はまるで絵に描いたような理想的な生活を送っていた。

私は、母が幼少時代を過ごした家をはじめて見たときのことをよく覚えている。どこかに行ったついでだった。その家はちょっと大きいどころの騒ぎではなく、私は一瞬、映画のセットかと思ったほどだ。明るいブルーの壁。真っ白な窓。まるで50年代のホームドラマ『ビーバーちゃん』の中で、バーバラ・ビリングズリー扮するジューン・クリーバーがクッキーを片手にポーチに立っていそうな雰囲気だった。

ニューヨークを訪れると、母は決まって子どもの頃の懐かしい場所に足を運んだ。昔住んでいた家に行き、そのあとジョージ湖まで足を延ばして、サマーキャンプをしたという場所を見てまわるのがお決まりのコースだった。大きな家、高級車、カントリークラブ、ジョージ湖でのキャンプ……。全部、大昔のことだ。それでも、母はまるでタイムスリップしたかのように、子どもの頃の記憶――母親が着ていたドレスから、父親が口にした冗談まで――を呼び起こしていった。

母いわく、彼女の母親のメアリー・ジェーンは「上流階級育ちの、言うなればエリザベス・テイラーのような感じ」だったそう。背が高く、大きな瞳はブルーで、いつも完璧な格好をしていたという。グローブ、真珠のアクセサリー、よそ行きの豪華なロングドレスが彼女にとってはふだん着だった。母の父親、つまり私にとっては祖父にあたるランスは、アメリカが誇る喜劇俳優ジャッキー・グリーソンの代役を務めたであろう人物。それくらい見た目も似ていたし、ユーモアのセンスも抜群だった。社交界とビジネスの世界では名の通った人で、にぎやかな場が大好きだった。

2人は、湯水のようにお金を使った。暇さえあればゴルフをするか、カントリークラブやジョージ湖にふらっと出かけて時間をつぶしていた。祖父と祖母のそんな話になったとき、私は母にこう尋ねたことがある。「あり余るモノに囲まれて、おじいちゃんとおばあちゃんは幸せだったと思う? ママはどう? ママは小さい頃幸せだった?」

母は自分の両親についてこう答えた。「幸せだったとも言えるし、幸せじゃなかったとも言えるわ。2人はお酒もよく飲んだし、しょっちゅうお金のことでケンカしていたの。最初はすごく仲が良かったんだけど、そのうち何に重きを置くかで意見が食い違うようになってね。特に、何にお金を使うかという点になるとひどかった」。そして、当時の自分の心境を語った。「それを聞いているだけで不安になったし、ちっとも幸せじゃなかったわ。基本的に自分が欲しいモノは何でも手に入ったけど、心の底から幸せだと感じたのは、夏のあのキャンプの間だけ。その間だけは家を離れられたから、まだやっていけたの。あいうかたちでストレスを発散させられていなかったら、きっと頭がおかしくなっていたと思うわ」

別の機会に、母はランスが、メアリーが相続したお金にまで手をつけていたことも教えてくれた。ざっと見積もっても100万ドルはあったメアリー名義の遺産は、そのほとんどがランスの材木業の資金へと消えていた。「母はきっと、だまされたと思ったでしょうね。父は仕事人間で、家族そろって夕食を取ることなど数えるほどしかなかったんだもの。父は仕事が終わると、よくカントリークラブで一杯やって、女の子をひっかけていたわ。お酒が入ると、お金や夫婦関係にまつわるケンカは、さらにエスカレートしていった」

母の幼い頃の話を聞いて私が思い出したのは、マデリン・ラヴィーンのあるリサーチだった。ラヴィーンは、数十年にわたり不幸な境遇にある子どもたちの心のケアに携わってきた人物で、メディアが子どもの成長におよぼす影響についての専門家だ。『The Price of Privilege（恩恵の代償）』の中でラヴィーンが主張するには、「アメリカにおいて、新たに深刻な問題になるとされているのは、経済的に豊かで教育水準の高い家庭で育った、プレティーン（10～12歳）とティーン（13～19歳）の子どもたち」なのだそうだ。

ラヴィーンはさらに「経済的、社会的には何不自由ないにもかかわらず、このような子どもたちのうつ病、薬物乱用、不安障害、身体的不調、生活への不満足度は、ほかの子どもたちと比べて非常に高い確率で報告されている」と述べている。

ラヴィーンが挙げたこのような兆候は、母の幼い頃の記憶に数多く当てはまる。たとえば、母の兄弟のうち1人は、死ぬまでアルコール依存症に悩まされ続けた。母はこんなふうに言っていた。「別荘で大きなパーティーなどがあると、兄弟でその後片づけをしていたんだけど、そんなときにあの子は残っていたお酒を飲んでたの。まだ、わずか12歳の頃の話よ。あれが、お酒に溺れるようになったそもそものはじまりだった」

どんなにお金のある環境で育っても、幸せになれるとは限らない――母の話から私が学んだ一番大事なことはこれだ。子どもの頃の母が何より欲しかったのは、モノではなかった。小さな女の子が望んでいたのは、両親との深いきずなだった。言い換えれば、自分のことをいつも気にかけてくれる親の愛情だったのだ。

ジェンナの体験談：それでも私は幸せだった

私の母とは対照的に、インタビューに協力してくれたジェンナの家族は彼女が幼い頃、経済的に厳しい状況に置かれていた。「でも、不幸ではなかった」とジェンナは言う。

ジェンナはオレゴン州のポートランド近郊で生まれ、ひとりっ子として育った。母親は大のショッピング好きで、お金を使いすぎてクレジットカードの支払いが追いつかなくなることもたびたびあった。ジェンナには、どうして母親がそんなに買い物に走るのか、まったく理解できなかった。すでに母親が十分すぎるほどモノを持っていたからだ。クローゼットは溢れんばかりの靴や洋服、バッグ類でいっぱいだったし、バスルームのキャビネットには化粧品が所狭しと並んでいた。

当時のことを、ジェンナはこう振り返る。「なんだかウチの家は汚いなっていつも思っていたわ。せっかく買ったモノなのに、結局はそこらへんにポイッと置かれて、それがゴミの山みたいになっていた。家じゅうそんな調子だったの。親は片づける気なんてさらさらなかったから、私は毎日使うモノの置き場を確保するのもひと苦労だった。鉛筆1本だってウチではまともに見つかった試しがなかったの。信じられないと思うけど、宿題をするにも美術の課題をするにも、本当に苦労したわ。あらゆるモノが、母が買ったモノに飲み込まれていくみたいでイライラしっぱなしだった。別に、母に収集癖があったわけではないのよ。ただ整理が苦手で、モノを買いすぎてしまう人だったの」

ジェンナは自分の子ども時代を「幸せだった」と振り返るが、お金をめぐって絶えず繰り広げられる両親の言い争いを聞くのは、かなり堪《こた》えたという。「2人はなんとかお金の問題を私には悟られまいとしていたけど、大変な状況にあるのはイヤでもわかった。ケンカの大半は、母の買い物中毒が原因だったわ。あの頃は、毎日が綱渡りのような生活だった。今日はなんとかやっていけても、明日になったら路頭に迷っているかもしれない、そんな感じだったの」

ジェンナの母親の話を聞いたとき、私の頭に思い浮かんだのは、2003年に自分が結婚した頃のことだった。幸せだったけれど、私は奨学金の返済に追われて、毎日ギリギリの生活をしていた。奨学金を返し切るためにがんばって節約しようとはあまり考えず、

「自分へのご褒美」と称しては、しょっちゅうショッピングモールに出かけていた。ジェンナの母親の行動は、私にとって他人事ではなかったのだ。

インタビューが終わりに近づいた頃、ジェンナはこんなことを口にした。「母の買い物中毒が原因で両親がケンカをするのを見るのは、確かにつらかった。でも、どんなに揉めていても、2人ともいつも私のそばにいてくれた。持てる限りの時間、愛情、それに関心を私に注いでくれた。〝ああ、私は愛されている〟と思えてホッとしたわ。だって、私が本当に望んでいたのはそれだけだったんだもの」

このインタビューを行ったのは、2011年7月。それからずっと、ジェンナのこの言葉が私の頭から離れないでいる。なぜなら、家族や友人から時間、愛情、関心を注いでもらいたいと思うのは誰だって一緒だから。

不思議なことに、私は自分の生活をシンプルにしてみて、今挙げた3つのこと――時間、愛情、関心――を、まわりの人に前より上手に注げるようになった。すると今度はまわりの人が、自分に同じものを返してくれるようになった。それが、私の幸せを形づくってきてくれたのだ。

もう1つ、私はジェンナの話から「シンプルな暮らしのかたちは人それぞれ」だと学んだ。「ミニマリズム」「ダウンサイジング」「シンプル主義」といった考え方はもちろん、幸せのかたちだって100人いれば100人とも違う。それで当たり前なのだ。

この7年間ずっと、私は私にとってのシンプルな暮らしと幸せの定義を何度も書き換えては、より納得のいくものにしてきた。私にとってそれは車のない生活であり、借金の完済であり、常識では考えられないくらい小さな家での暮らしであり、身のまわりのモノを最小限に抑えることだった。私がこの本で目指すのは、あなたがあなたにとってのシンプルな暮らしと幸せの定義を書き換えながら、より納得のいくものにしていく、そのお手伝いをすることだ。

ついでに言うと、私はこれまで、シンプルライフという選択肢を広く捉えたときに見えてくる社会的、政治的な面にはあえて関わらないようにしてきた。それは、シンプルに生きるというのが積極的な政治・環境選択を意味し、「社会的な変化を起こさなければならない」という世間の思い込みの1つのかたちとして追い求められている面があるからだ。

私自身、そのような社会目標には賛成できるものがたくさんある。けれども、私は政治の専門家でもないし、これから先もそっちの道に進むつもりはまったくない。あくまで私にとっての目標は、これまでの自分の経験を紹介し、あなたの考えの幅が広がるような、新しい選択肢を提供することだ。こんなアイデアならあなたにもぴったり？　これなら「おもしろい！」と思って今までの見方や選択を考え直せそう？　そんなふうにこれからあなたに問いかけていきたいと思う。そして、その答えがイエスなら、次に考えてほしいのは「それでは、自分にしかないスキルや能力をどう生かせば、自分の生活、さらには自分の町に変化を起こせるか」ということ。これは、私たち1人ひとりが自分で答えを出さなければならない、大きな問いだ。

私に関して言えば、社会に対しては自分のエネルギーを地域のボランティア活動というかたちで注いでいる。私は、自分の行動に自覚を持つことや、「何のために生きるのか」を考えて自分に正直に精いっぱい生きることが、自分の住む町のためになると信じている。それに、自分が起こした小さな行動も、同じように地域のためになると思っている。そんなふうに思うからこそ、私は今日もシンプルに暮らそうと努めるのだ。

スモール・アクション

ちょっとした、すぐにでもできるようなことが、私の場合、モノを手放し、借金を一掃し、さらにはキャリアを見直すうえでびっくりするくらい役に立った。何から手をつけていいかわからなくなったりせず、私ならできるという自信が持てた。そのようなわけで、この本では各章の最後に「スモール・アクション」と題して、簡単なアクションプランを紹介する。さまざまなアイデアを実行に移す際に、きっと役に立つはずだ。どうぞ、紙とペンのご用意を。そしてこの本を参考に、実際にどんどん話したり、考えたり、行動していってほしい。準備はいいだろうか？

それでは最初のステップとして、自分にとっての「幸せ」と「シンプル」とはどんなものかを定義してみよう。それは、あなたの目にどう映るだろうか？　私は自分の生活をシンプルにしようとしたとき、まず自分にこんな2つの質問をしてみた。

・私を幸せにしてくれるものは何？

・どんなふうに生活をシンプルにすれば、今よりもっと幸せになれる？

あなたも、自分とモノとの関係、それに幸せの定義を見つめ直す第一歩として、この2つの質問をぜひともじっくり考えてみてほしい。

・自分にとっての「幸せの定義」を書き出す

日記でもメモ帳でも何でもいいから、あなたが思う幸せとはどんなものかを書き出してみよう。そのとき思い出してほしいのは、自分にとってお気に入りの、特に幸せを感じた出来事。場所はどこだったか、誰と一緒にいたか、さらには景色、音、においに至るまで書き出していこう。記憶を細部まで思い起こせたら、

「では、なぜその瞬間を自分は幸せと感じたのだろう?」と考えてみよう。たとえば私の場合、幸せはいつも深いきずなと一生ものの思い出の中にあるものだ。あなたを幸せにしてくれるのは、いったいどんなものだろう?

・**どうすれば生活をシンプルにできるか考える**

思いつくままでいいので、シンプルな生活を送るためにできそうなことを全部書き出してみよう。そのとき一緒に、「毎日の生活にどんな変化を起こせば、もっと自由と時間が手に入る?」「毎日の生活が変われば、どんな幸せが待っている?」と自分に問いかけてみよう。

第2章 「人がモノを」ではなく「モノが人を」支配している

私たちは混み合った学生寮を出て、アパートに引っ越し、一戸建てに移り、本当に裕福であれば大邸宅で暮らすようになる。自分では1段階ずつ上に上がっているつもりでも、実のところは自分のまわりを壁で仕切っているにすぎない。

——エリック・ワイナー（アメリカのジャーナリスト）

かつて、私はモノを買うのが大好きだった。あげるのも、もらうのも、買うのも、全部好き。これは、アメリカ人ならごくふつうの感覚だ。あなたは知っているだろうか？　実は、アメリカ人が最も行きたい観光名所の1つに、アメリカ最大規模のショッピングモール「モール・オブ・アメリカ」が含まれているのだ。エンパイアステートビルをはじめ、ディズニーワールド、ラシュモア山、グランドキャニオンといったおなじみのスポットは、相変わらず毎年数百万人の観光客を惹きつけている。けれども、約39万㎡［訳注：東京ドーム約8・3個分］を誇るモール・オブ・アメリカの人気はもっとすさまじく、毎年4000万人以上がここを訪れている。

生活をシンプルにする前、手当たりしだいに買ったモノのおかげで、私のアパートは今にもはち切れそうな勢いだった。一歩間違えれば、私も山ほどいるレンタル倉庫愛用者の仲間入りをしていたかもしれない。2009年時点で、アメリカ国内の個人向けレンタル倉庫の数は5万施設以上。アメリカ国内のマクドナルドが約1万3000店舗、スターバックスが1万1000店舗ほどだから、その数のすごさがわかるだろう。

個人向けレンタル倉庫を専門に扱うセルフストレージ協会の2009年の報告によると、2008年にアメリカ人は年間220億ドル以上をつぎ込んで、合計約2億1400万㎡のスペースにモノを貯め込んでいたという。わかりやすく言えば、大人も子どももひっくるめたアメリカ国民全員が、1人残らずその倉庫の中にすっぽり収まってしまうくらいの広さだ。そんなたとえより、他の国と比較したほうが明白かもしれない。先ほど述べたとおり、アメリカの個人向けレンタル倉庫は延べ5万施設以上。これに対しカナダは約3000施設、オーストラリアは1000施設ほどだ。

毎年、クリスマス商戦がいっせいにスタートするブラック・フライデー［訳注：11月の感謝祭翌日の金曜日］当日、アメリカでは数百万人がわざわざ早起きして開店前の大型店舗に列をなし、ときには徹夜組まで出たりする。すべては、誰よりもいいモノを手に入れるため。2010年には長引く不況の影響で失業率が高かったにもかかわらず、これまでで最多となる2億1200万人以上の人々がブラック・フライデーのショッピングに繰り出し、1人当たり平均365ドルの買い物を楽しんだという。たとえば、カリフォルニアのグッチのアウトレット店に1000人以上、マンハッタンのメイシーズには7000人以上、ヴィクトリアズ・シークレット、ベスト・バイ、Kマート、ウォルマートに至っては、さらにそれを数千人上回る買い物客が、開店前から詰めかけた。

その年、カリフォルニアの家電量販店ベスト・バイには数百人の徹夜組が訪れ、朝になってみると、駐車場はファストフードの食べ残しやコーヒーカップなどのゴミでひどいありさまだったという。店長のニック・ラモスは、『ニューヨーク・タイムズ』紙でその日のことを「あれはまるで、スラム街のようだった」と振り返っている。

ブラック・フライデーにまつわる事故も、毎年のように報告されている。2008年には、ウォルマートで男性店員が死亡する事故まで起きた。同紙は、これを次のように報じている。「店員のディミタイ・ダモールさんは、ガラス戸を破り店内に殺到してきた客を必死に制止していた。午前5時の開店を目前に、店の扉は待ちきれない客たちにより破壊されてしまったのだ。ダモールさんは床に投げ出され、客たちの下敷きになり圧死した」

どうしてアメリカ人は、そこまでしてモノを手に入れたいのだろう? 結局はすべて借金になっていくのに、なぜ? 実はそれが、広告のせいだと気づいている人は少ない。調査によると、アメリカ人は毎日平均3000以上の広告にさらされており、そのメッセージから強い影響を受けていることが明らかになっている。確かに、ショッピングは私たちを幸せにしてくれる。しかし、その幸せは一時的なものにすぎない。つまり、靴でもシャツでもレザーのコートでも、いくら「いいな」と思って買っても、買ったそばから幸せは逃げていってしまうのだ。だから、また新たなモノを求めてショッピングモールに吸い寄せられてしまう。

その結果、私たちは文字どおり、わざわざお金を払って借金を背負うはめになる。たとえば、クレジットカードの平均金利が14％であるのを考えると、アメリカでは1世帯当たり毎年2240ドルをかけて、借金の現状維持に努めていることになる。借金を完済するなんてとんでもない。多くのアメリカ人同様、かつての私も常に借金を抱えているようなありさまだった。そして、車やアパートに消えていくお金のために、それでもなんとかやっていこうとさらに長い時間、必死で働いた。それで気がついた。私たちがモノを支配しているのではなく、モノが私たちを支配しているのだ、と。

借金の心への影響

私がモノに支配されていたことが最もよくわかるのがクレジットカード、つまり借金の支払いを通してだ。私は何かにつけて、支払いはクレジットカードですませていた。新しいコーヒーテーブルに合う花瓶を1つ買うのでさえだ。自分でも、買い物にかけるお金と時間がみるみるうちに増えていくのがわかった。増え続けるモノをきちんと整理するのは至難の業だった。そして毎月クレジットカードの請求書が届いては、パニックに陥っていた。私の胃はキリキリし、頭痛にもしょっちゅう悩まされていた。ローガンも私も、常にクレジットカードの請求に追いまわされていた。けれども、私たちには貯金という習慣がなかったから、この悪循環は毎月繰り返された。

さまざまな研究から、借金は私たちの体と心の両方に悪影響をおよぼす恐れがあることがわかっている。ソニア・リュボミアスキーは、先にも挙げた『幸せがずっと続く12の行動習慣』の中で、「大まかに見積もっても、うつ病に苦しむ人は100年前の10倍にのぼる」と指摘している。さらに彼女は、「アメリカでは15％（女性に至っては21％）の人が、生涯一度はうつ病を発症する」とも述べている。

もちろん、うつ病には数多くの要因があるとされているけれど、2007年にキングス・カレッジ・ロンドンのIoP［訳注：The Institute of Psychiatry。ヨーロッパ最大の精神医学研究所］が行った借金とうつ病との関連性についての研究で、収入の多少に関係なく、借金がある人はうつ病や不安症の発症リスクが高まることが明らかになった。理由は単純だ。クレジットカードの支払いのために、車のローンのために、住宅ローンのために、もっと働かなくては……。そんなストレスに絶えずさらされることで、心も体もまいってしまうのだ。さらに劣等感、絶望感、羞恥心などに悩まされるのも、借金が原因である場合が多い。

その証拠に、2008年7月には、マサチューセッツ州に住む53歳のカーリーン・ヴァレラという女性が、自宅の差し押さえにショックを受け自殺するという事件が起きた。家計が切迫しているのを夫に隠していた彼女は、「こんな事態になったのは私のせいだ」と自らを責めた。そして自宅が競売にかけられる1時間半前に、夫のハンティング用のライフルで自ら命を絶った。この事件は極端な例かもしれないが、借金にまつわるストレスが、私たちの心のバランスに非常に強い影響をおよぼすことがわかってもらえるだろう。

また、ヒューストン大学の社会福祉学教授ブレネー・ブラウンは『The Gifts of Imperfection（欠点からの贈り物）』の中で、恥と弱さに関して1万人以上に調査を行った結果を報告している。それによれば、自分の抱える問題を誰にも打ち明けずにいると、私たちは「なんとか感覚を麻痺させて苦しみを和らげようとし、その結果、どうして自分にとってベストな選択がわかっているのに行動に移すことができないのだろうという不安に襲われ、自信を喪失してしまう」のだという。

たとえば私の場合なら、マネー・マネジメントについてはかなり知識がある。経済学の学士号も持っているし、資産運用の仕事をしていたこともある。それなのに、私は自分のお金をずっと管理できていなかった。でも、私はそのことを誰かに打ち明けるどころか、ショッピングで気持ちをまぎらわせ、その結果1人で落ち込んだり、夫とケンカしてばかりいた。ブラウンが指摘するように、たとえ自分にとってベストな選択がわかっていても、それを実際に行動に移すのは簡単なことではないのだ。

しかも私たちが暮らすのは消費型の社会で、私たちの行動パターンはその社会の影響をかなり強く受ける。消費文化の研究者ジェームス・トゥイッチェルは『Branded Nation（ブランド化社会）』の中で、「私たちの自己と文化に関する共通認識の多くが、ブランディングという売ることを目的とした戦略から生み出されている」と述べており、さらに「2歳児が話す名詞のうち10％が商品の名前」なのだそうだ。

うつ病とそこから引き起こされるさまざまな症状は、モノを買いすぎてしまう代償のほんの一例にすぎない。隠れた代償としてもう1つ挙げられるのは、選択の自由がなくなることだ。その原因は、借金をなんとかしようと、より長時間懸命に働くことにある。環境ジャーナリストのビル・マッキベンは『ディープエコノミー』の中で、「長時間働けば働くほど、たとえその分多く稼げたとしても、生活の満足度は低下する」と指摘している。

いったい、なぜ？　それは、どれだけお金を稼ごうとも、広告にどっぷり浸かった私たちの社会が「もっと欲しいでしょう？」と私たちを誘惑し、モノを買わせようとするからだ。そのためいつまでたっても悪循環は断ち切れず、借金の山もなくならない。その証拠に社会学者のジュリエット・ショアーは、『働きすぎのアメリカ人』の中でこう述べている。「私たちはストレス社会への対応策としてモノを買いあさっている。……過去30年あまりのうちに、1人当たりの消費額は2倍にまで膨らんだ」

行きすぎた消費の先にあるのは、選択の自由がなくなるという大きすぎる代償だ。いったん仕事という名のランニングマシーンに乗ってしまったら、そこから降りるのは容易なことではない。転職したい。休みをもらって子どものサッカーチームのコーチをしたい。学校に通い直したい。地元の動物保護施設のボランティアに参加したい。長期休暇を取りたい。1日1時間でいいから体を動かす時間が欲しい。もっと家族や友人たちと一緒に過ごしたい……。もし、あなたにすでに借金があって、毎月増えていく支払いのために毎日朝から晩まで働いているとすれば、今挙げたようなことは、夢のまた夢のように思えるだろう。

何と引き換えに目の前のモノが手に入るのかと考えたとき、値段や取り急ぎ支払わなくてはならないお金のことを思い浮かべるのは簡単だ。それしか頭になければ、今ある3万ドルの借金に数百ドルがプラスされることなど忘れてしまう。しかし、ツケは必ず回ってくる。まず、働くというかたちで。次に、借金のストレスというかたちで。そして好きでもない仕事に縛られたあげく、最後には時間を奪われ、人と深い関係を育めなくなる。

シンプルに暮らすというのは、この悪循環を断ち切ることだ。つまり、自分の時間を働いては買う、もっと働いてはもっと買うの繰り返しに捧げるのをやめて、ゆとりを持ち、少ない借金で暮らすことこそがシンプルな暮らしの在り方なのだ。

私の体験談：借金、ダウンサイジング、その先に見えた目標

私は幼い頃からずっと、郊外の一軒家に住むのが夢だった。乾燥機付きの洗濯機に、料理の腕を振るえる広いキッチン、遊びにきてくれた人のためのゲストルーム……。2003年春、20代前半だった私はそんな家がどうしても欲しくなり、結婚したばかりのローガンと一緒に、まだ見ぬ夢のマイホームについて熱く語り合った。

当時、私はフランクリン・テンプルトン・インベストメンツという資産運用会社でマネジメント教育に携わっていたのだが、同僚も上司もみんな口をそろえて「家を買うのはとても価値ある投資だ」と言っていた。何としても夢を実現させたかったのと、自分がそんな環境にいたこともあり、ローガンと私は、地元の不動産に関する雑誌やコミュニティサイト「クレイグスリスト」で物件情報を探すようになった。

その少し前にはちょうど、友人で同僚のジャネットが、カリフォルニア州サクラメントの郊外にオーダーメイドの素敵なマイホームを建てていた。私はその家に足を踏み入れるたびに、『ベター・ホームズ・アンド・ガーデンズ』〔訳注：アメリカの七大家庭雑誌の1つ〕の写真の中に迷い込んだかのような気分になった。内装も外観も、まさに私の好み。私も、ジャネットと同じような家に住みたくてたまらなかった。ウォークイン・クローゼット、大きな書斎、モダンなキッチン……。ジャネットの家に比べたら、自分たちのアパートはなんて狭く、野暮ったいんだろうと思った。私は、マイホームを持つ人たちの仲間入りをす

る日が待ち遠しくて仕方がなかった。

ところが、1つ問題があった。費用を見積もってみたら、私たち夫婦には私が思い描いていたような家を建てる余裕がなかったのだ。実は、私は2004年末に資産運用の会社を辞め、教育学を学ぶためにカリフォルニア州立大学の大学院に入ったのだが、そこを卒業した2005年時点で、私たち夫婦には奨学金と自動車ローンを合わせて約3万ドルの借金があった。そして、このとき夢見た家の値段は、なんと利子だけで、現在タイニーハウスを置かせてもらっている土地の間借り料を上回っていたのだ!

これはなにも私たち夫婦に限ったことではなかった。アメリカの奨学金調査を行う「プロジェクト・オン・ステューデント・デット」の調べによると、大学を卒業するときの学生1人当たりの奨学金の借金は約2万4000ドルにのぼるのだという。この数字にクレジットカードでの借金は含まれていない。その点に関して『USAトゥデイ』紙は、アメリカ人学生のクレジットカードの繰り越し金平均額は3000ドルを上回り、2008年には「最低でも1枚以上クレジットカードを所有する大学生は、卒業時にも平均4138ドルのクレジットカードによる借金を抱えたままで、この額は2004年と比べて44%増加した」と報告している。

自分たちの置かれている状況が呑み込めると、私は死ぬほど落ち込んだ。マイホームが買えないなんて負け犬だと思ったし、こんなに働いているのにどうして借金から抜け出せないのだろうと思うと、怒りすら覚えた。仕事柄、お金の知識はあるはずなのに、アメリカンドリームは私たち夫婦にとって、本当に夢《ドリーム》で終わってしまうかのように思えた。

それまでの私は、まだ未来に希望を持っていた。資産運用の世界で働くのが私の本来の夢ではなかったが、経済やマネー・マネジメントをより深く学ぶことができたし、何より奨学金を返しはじめることができた。世間的に見ても申し分ない仕事だったし、家族もがんばって今の仕事を続けなさいとよく言っていた。

でも職場が遠かったので、車通勤だった私は腰痛に悩まされたうえに、運動不足で体重も増え、さらにいつも寝不足の状態だった。オフィスの環境も良いとは言えず、仕事自体も自分が社会の役に立っていると思えるような、やりがいの感じられるものではなかった。帰宅する頃には、散歩をする気も失《う》せていた。その代わりに、私はソファでダラダラしたり、テレビを見たり、ショッピングに出かけたりしていた。ただボーッとして目の前の問題を考えないでいるほうが楽だった。

自分でも、自分がそれなりに幸せで、かなり恵まれた立場にあるのはわかっていた。理想の男性と結婚もできたし、治安の良い場所に2つもベッドルームのあるアパートを借りることもできた。着るものにも困らないし、立派なマイカーだってある。自分でも、どうしてそんなに不満を覚えるのかよくわからなかったけれど、とにかく私は生きる希望をなくしていた。

大学に入学した頃の私の夢は、人を助ける仕事に就くことだった。お金をたくさん稼ぐのが、私の第一目標ではなかった。恵まれない人たちの役に立てればそれでいいと思っていた。それなのに当時の自分は、モノと借金の操り人形のような生活だった。それまで私は、自分のことを賢くて才能がある人間だと思っていたのに、その思いが揺らぎはじめた。本当にそんなに賢いなら、どうしてこんなに働いてばかりいるのだろう？　それも、アパートいっぱいの本当は欲しくもなかったモノのために。

アメリカが誇るコメディアン、ウィル・ロジャースはこんな言葉を残している。「あまりにも多くの人が、身の丈以上のお金を使っている。欲しくもないモノを買うために、そして好かれたくもない人に気に入られるために」。まさに、当時の私にぴったりの言葉だ。その頃の私は、モノのために生きていた。その結果、自由、やる気、それに自分自身も見失っていた。それもこれも、家族やコミュニティとのつながりが弱かったせいだ。

私がモノばかり買っていたワケ

ある研究によると、私たちは自分が思っている以上に「他人からどう見られているか」を意識しているという。本当にそのとおりで、私もかつては自分が思っている以上に、自分の社会的地位や持っているモノのことばかり気にしていた。人は、自分が成功していることを他人にアピールしたいと思うもので、持ち物は自分の社会的地位の証明なのだ。前述のジュリエット・ショアーは、家、洋服、車を「三種の神器」と呼んでいる。この3つは、私たちが誰かに会ったときにまず目がいくモノで、つまり、私たちは無意識のうちにモノを基準として相手が社会的にどれほどの人間かを品定めしているのだ。

また、経済学者のバート・フランクは『Luxury Fever（ぜいたくという名の病）』の中で、私たちのモノへの欲望は、単に「他人に引けを取りたくない」という思い以上のものだと主張している。フランクをはじめとする研究者たちによると、私たちが家や車、洋服にお金をつぎ込むのは、自分を良く見せるためだけでなく、仕事をがんばった自分へのご褒美や慰めの意味も持っているのだという。

当時の私の行動は、まさにフランクの主張にピタリと当てはまる。「こんなに働いたんだから自分にご褒美をあげよう」「みんなにすごいと思われたい」という2つの気持ちから、私はモノを買っていた。近所の人も同僚も友人も、自分のまわりにいる人たちが皆、完璧な生活を送っているように思えた。夫婦ともにしっかりした稼ぎがあり、立派な家に住み、高級車を1人1台持っている。どう考えてもみんなリッチで幸せで、友だちにも恵まれているように見えた。私も、みんなと同じモノが欲しかった。

成功した人をうらやむのは、全然悪いことではない。けれども研究からは、上方比較（たとえば「彼女のほうが給料が高い」「彼のほうがいい車に乗っている」など、自分より望ましい状態にある人と自分を比べること）をすると、自尊心が低下したり、落ち込んだり、悩んだりしてしまうことがわかっている。それに、いくらうらやんだところで幸せにはなれないというのも立証されている。本当にそのとおりだ。だって、現に私は少しも幸せではなかったのだから。

こんなに働いているんだから自分にご褒美をあげて当然だ——私はそんなふうに思っていた。でも、モノというかたちで自分にご褒美を与えても、私は幸せにはなれなかった。心の奥底に潜む感情を、どうすることもできなかったからだ。ランディ・フロストとゲイル・スティケティーの共著『ホーダー——捨てられない・片づけられない病』では、アメリカでは成人の6％が買い物依存症と予測されている。言い換えれば、1400万人以上のアメリカ人がショッピングを気持ちのはけ口として、すなわち怒り、ストレス、憂うつ、退屈、自己嫌悪、緊張、不安、孤独などの感情とどうにか折り合いをつけるための手段として使っているのだ。私は、それまで一度も買い物依存症と診断されたことはなかったが、実際、その頃の私はショッピングを自分の問題から目を反らすための手段にしていた。

その証拠に、たとえば20代前半の頃の私は、ダイヤモンドに夢中だった。その熱の入れようは、ローガンとの結婚話が持ち上がったのをきっかけに、さらにエスカレートした。私は何時間でもジュエリーカタログを眺め、こっそりデパートに出かけては理想にぴったりの婚約指輪を探しまわった。最後にはめでたくローガンが、ダイヤが1粒入ったきれいな指輪をプレゼントしてくれた。それでも私は、もっと大きな、しかも3粒入りのダイヤの指輪が欲しくてたまらなかった。ちょうどその頃結婚したばかりの友人が私より大きなダイヤの指輪を持っていて、彼女に負けないくらいゴージャスな指輪がどうしても欲しかったのだ。

私は、もう1つ指輪を買うくらい大したことではないとローガンを信じ込ませ、さらに「そうしてくれたら私はもっと幸せになれる」と言って迫った。その結果、私は望みどおり3粒入りのダイヤの指輪を手に入れ、さらに結婚指輪まで（！）ダイヤ入りのものをゲットすることに成功した。現金で支払うのは無理だったので、私たちは4000ドルを全額クレジットカードで支払った。ゆっくり返していけばいいや、と思っていた。

ダイヤモンドにまつわることを書いていたら、なんだか気分が悪くなってきた。なぜあんなに私はダイヤが欲しかったのだろう？　振り返ってみると、それは私の欲望のせいで、私たちにはこれだけのモノを買う余裕があって、私はそれに見合うだけの価値があるというのをみんなにアピールしたかったのだと思う。私はがんばって働いていたので、自分へのご褒美として大きなダイヤをあげたっていいと思っていた。でも、そんな大きな買い物は、私たちをさらなる借金の深みにはめるだけだった。私は好きでもない仕事にずっと縛りつけられたし、ローガンには「自分には彼女に見合うだけの幸せを買ってあげることができない」という思いを抱かせることになった。

今、この2つの指輪を眺めてみても、私の頭には感動的だった結婚式の様子や、これまでの私たち夫婦の固いきずななどは思い浮かんでこない。代わりに思い浮かぶのは、当時、自分がどれほどモノ重視の考えに支配されていたかということだ。今、私はその指輪をつけていない。〝昔のタミー〟を思い出すのがイヤだからだ。そして7年間考え抜いた末、私は指輪を売る決心をした。

大きな家からの脱出

仕事中心の毎日から抜け出すため、ローガンと私は、自分たちにこんな質問を投げかけた。私たちが人生で望んでいることは何？　どうすれば借金を完済できる？　何が私たちを幸せにしてくれる？　どうすれば人の役に立てる？

健康的な生活を送るため、そしてお金の問題を解決するため、私たちは生活のダウンサイジングについて話し合いはじめた。ローガンはこの案にかなり乗り気で、常に頭をフル回転させていた。ある日、夕ご飯を食べながら2人で真剣に話していると、ローガンがこんなことを言い出した。「1ベッドルームのアパートに引っ越さないかい？　君の職場にも近くなるし、そうすれば今みたいに車に乗らなくていいし、電車も使わなくてすむ。お金だってかなり節約できるよ」

私はワイングラスを静かに置くと、こう言った。「ベッドルームが1つだけで、やっていけるわけないじゃない。これだけモノがあるっていうのに！　それに、ウチの親が訪ねてきたときには、どこに寝かせればいいの？　ソファ？　そんなこと、できるわけないじゃない！」

ローガンの顔が曇るのがわかった。彼は大きくため息をつくと、穏やかに言った。「やってみなければ気に入るかどうかはわからないじゃないか。失うものなんてあるかい？節約にもなるし、引っ越すとなればモノだっていくらか捨てられる。それに、ウチにお客さんが泊まることなどめったになかったじゃないか。もしそうなれば、僕たちのベッドを使ってもらって、僕たちがソファで寝ればいい」

こんなふうにローガンと言い合ったのが、2004年の終わり頃。まだギリギリ私が資産運用の会社で働いていたときだった。その頃の私は、まだダウンサイジングに興味はなく、「タイニーハウス」という言葉も一度も聞いたことがなかった。私は「モノを手放して借金を返していく」という考えそのものが受け入れられなかった。しかしローガンは、シンプルライフに踏み切るよう私の背中を押し続けてくれた。

ローガンの言うことが正しいのはわかっていた。でも、ダウンサイジングというアイデアは、私を不安でいっぱいにした。まわりの人はどう思うだろう？　自分たちが貧乏だなんて思われたくなかったし（でも実際そうだった）、おまけにダウンサイジングは大きな後退のようにも思えた。そのうえ、私はまだ郊外にマイホームを持ちたいという夢を捨てきれずにいたし、自分たちの持ち物をチャリティに寄付するなんてバカげたことのように思えた。どれもこれも、自分たちが山ほどお金を払って手に入れたものなのだ。それをどうして手放さなければならないの？

それに第一、私には1ベッドルームのアパートでやっていける自信がなかった。今のアパートですら、モノで溢れかえっているような状態なのだ。そんな不安をこぼすと、ローガンは、クローゼットや製図台や机などに詰め込まれた自分の荷物をすべて手放すと言いはじめた。それらは全部、アパートに持ち込まれた日から私がずっと処分したくてたまらないものばかりだった。もちろん、この申し出には私も大賛成だった。

私は、ローガンこそモノを増やしている張本人だと思っていたし、ローガンのせいでこんなに苦しい思いをしているのだと思っていた。ところが、いざ自分の荷物に手をつけはじめると、私の考えは一変した。私も、いらないモノを山ほど持っていたのだ。

たとえば高校、大学とスキーに夢中だった私には、まるで地層と化した膨大な数のセーターのコレクションがあった。ざっと見積もっても、50着を超えるセーターに私のクローゼットの片側は占領されていた。私は思った。50着ですって？　バカじゃないの？　毎日違う柄のセーターを着たって2カ月近く過ごせるじゃない？　そもそも、スキー自体もうしないっていうのに――。

2人してモノをより分けはじめると、私はなんだか、自分たちが巨大な倉庫の中に住んでいるように思えてきた。2人とも使っていないモノが大半で、それが当たり前のように家の中を占拠していた。食器棚の1つは、結婚したときの引き出物のお皿やら何やらで埋まっていたし、コーヒーカップだけで埋め尽くされた食器棚もあった。結婚したときにもらった食器なんてめったに使わなかったし、それ以前に2人でいったい1日何杯のコーヒーを飲むつもりでいたのだろう？

そうして2人でいらないモノを捨てたり、何度も話し合ったりしたにもかかわらず、私はまだ1ベッドルームのアパートでやっていけるか不安だった。そこで私たちは2ベッドルームの今の家を、新しいアパートに見立てて実際に数カ月暮らしてみることにした。まるで、マラソン前のウォーミングアップをしているみたいな感じだった。

その結果はと言うと……本当に感動ものだった！　心配はまったくの杞憂に終わり、うまくいったのだ。しばらくすると、空っぽになったベッドルームが無駄な空間に思えてきた。使いもしないモノのために、どうしてお金を払わなければならないの？

自由を取り戻すために

前述のように、２００4年末に私は資産運用の仕事を辞め、教育学を学ぶためカリフォルニア州立大学の大学院に通いはじめた。在学中の２００5年には定期的にボランティアに参加するようになり、卒業後の２００6年になると、性的暴力や家庭内暴力の根絶を目指す団体で仕事をはじめた。

その間、私たちは時間をかけてモノを手放し、２００6年についに約１１０㎡の２ベッドルームのアパートから、同じくカリフォルニア州デービスにある70㎡ほどの１ベッドルームのアパートへの引っ越しを実行に移した。前より小さなアパートに移ったおかげで毎月２００ドルの節約ができ、「このままモノをあまり持たない暮らしを続けていこう！」という思いは一層強まった。

私もローガンも、モノを手放して小さな空間で生活すれば、多くの自由が手に入ることに気がついた。モノに邪魔されることがなくなったからだ。また、チャリティに自分たちのモノを寄付するのは、びっくりするくらい気分が良いものだった。ローガンに至っては、それまで乗っていたブルーのフォード・レンジャーまで売ってしまったほどだ。親戚たちの多くは、私たちがおかしくなってしまったと思ったようで、ダウンサイジングをやめさせようと、こう言ってプレッシャーをかけた。「ダウンサイジングなんてするべきじゃないわ。せっかく、こんなに使えるモノがいっぱいあるんだから。置いときなさい。いつか、使うときのために」

とはいえ私たちも、引っ越しに向けて荷造りをしているとき、たびたび残しておくか捨てるべきかで迷うことがあった。そんなときは互いに励まし合いながら、よくこんなふうに質問し合った。あなたが最後にそのズボンを履いたのはいつ？　それはあなたを幸せにしてくれる？　君は本当に、また編み物をはじめる気はあるのかい？

また、捨てるのに賛成か反対かを書いたリストを作ったりもした。そして何より、2人で「ダウンサイジングとは自由になることだ」と確認し合った——モノからの自由、借金からの自由を意味するのだ、と。

今、私とローガンが実現したダウンサイジングは、当時の私が思い描いていた以上のものので、私はこんなことが本当に実現できるとは思ってもみなかった。でも、それは小さなステップの積み重ねだった。ひと晩でなしえたものではない。まずはじめに、私はシンプルライフに関する本をたくさん読み、ほかの人がどうやって自分の生活からいらないモノを手放していったかを学んだ。ほかの人の体験談を読むのは、自分の凝り固まったモノ重視の考えを打ち破るのを助けてくれた。

結果として、私たちが今の生活、つまり約10㎡の愛するタイニーハウスでの暮らしにたどり着くには、5年間のモノを手放す期間と、さらに3回の引っ越しが必要だった。今の家は、最初に引っ越した1ベッドルームのアパートのわずか7分の1ほどの広さしかない。「どうしてそこまで？」と、あなたは不思議に思うかもしれない。

私は、「小さく暮らす」ことに関して、ジェイ・シェイファーと同じ考えを持っている。シェイファーはタンブルウィード・タイニーハウス・カンパニーというタイニーハウスを専門に扱う会社の経営者で、ドキュメンタリー映画『Tiny（タイニー）』の中でこんなふうに語っている。「タイニーハウスに住んで得られる最大の財産は自由です。小さく暮らしてみると、世界が今よりはるかに大きくなります。それは、お金と時間に自由が生まれる分、もっと多くのことをする余裕ができるからです。私にしてみれば、世界中が自分のリビングみたいなものですよ」

２０１１年の感謝祭に母に会ったとき、私たちはモノにまつわる、こんなやりとりをした。母が言うには、私たちのライフスタイルは極端で、特に「１００個チャレンジ」を実践しているところがそうなのだという。このチャレンジは、デーブ・ブルーノという人物が数年前にはじめたものだ（それがそのままタイトルになった『１００個チャレンジ』という本も出版されている）。

デーブは自分の持ち物を１００個にしぼることにチャレンジした。１００個と聞けばかなりの数のように思えるかもしれないが、実際に自分が持っているシャツや本、皿、ナイフ、フォーク、靴などを数えてみてほしい。このチャレンジでデーブが最終的に目指しているのは、少ないモノでの生活を広め、消費主義がどのように自分の毎日の選択に影響をおよぼしているのかを、みんなに考えてもらうことだ。ひと言で言えば、このチャレンジは自分の生活に必要なモノは何かということをいま一度考えてみるものだ。母にも言ったのだが、私は必要なモノは全部持っている。だから今はもう、ショッピングモールへ繰り出して自分にご褒美を買ってあげようなどという気にはならない。

もちろん、人それぞれ置かれている状況は違う。持っているモノの数にしても、私とあなたではきっと違う。それと同じで、ダウンサイジングやシンプル主義という言葉が持つ意味も、1人ひとり違うはずだ。このような考え方には、モノを数えるだけでなく、「何を自分の生活に取り入れるか」「自分にとって欠かせないものは何か」をもっと意識することも含まれる。

たとえば、私は読書が大好きでよく本を買う。昔の生活を続けていれば、私は買った本を全部残しておいただろう。でも今は、読み終わった本は寄付するか古書店に売っている。私はこれを「ワンイン・ワンアウトのルール」と呼んでいて、何か新しいモノを1つ買ったら、それまで持っていたモノを1つ、チャリティなどに寄付するようにしている。

シンプルライフの実践のためには、狭いアパートに引っ越したり、ごく限られたモノで生活しようとしたりする必要はない。その代わりに、ダウンサイジングの根本的な考え方をどうすれば自分の生活に取り入れられるかを熟考し、自分なりの答えを出してみてほしい。たとえば、仕事をがんばったご褒美を自分にあげたいと思っているなら、モノをご褒美にするのはもうやめる。同じようにお金を使うにしても、経験や実現させたい目標に使っていこう。

私は何年間も、これがわからず苦労した。そんなとき、シンプルライフの先駆者であるジョー・ドミンゲスとヴィッキー・ロビンによるベストセラー『Your Money or Your Life（お金か、それとも人生か）』と出会って、私はそれまでの自分のお金の使い方、つまりこの本が言うところの「生きるエネルギー」の使い方を見直しはじめた。ドミンゲスたちの考えのベースは、何かモノを買うとき、そこには時間という名の代償が発生しているという点にある。だからモノを買う前には常に、「どれくらいの労働時間と引き換えに、私はこれを買おうとしているのだろう」と自問することが大切だ。

そもそもモノは、家の中をごちゃごちゃにしたり、あなたの時間を奪ったり、財布を空っぽにしたりする存在ではない。モノの本来の役割は、あなたを助け、あなたを幸せにすることのはずだ。もしそうでないとすれば、あなたはモノに使われていることになってしまう。

スモール・アクション

ここで紹介するのは、私がモノを手放すときに役立ったアクションプランだ。どうか、あなたの役にも立ちますように！

・ショッピングモールには近づかない

当たり前だと思うかもしれないが、これがなかなか難しい。買い物好きな人にとってはなおさらだ。私の場合、モールに近づかないというのは、ダウンサイジ

ングを実現するうえで大きなカギとなるアクションだった。モールに行くのをやめると、家の中にいらないモノや本当は欲しくなかったモノが持ち込まれなくなった。どうしてもモールに行かなければならないときは、行く前に買い物リストを作って、絶対にそのリストに書いてあるモノ以外は買わないようにした。

・時間をかけてモノをより分ける

もし、あなたが家を片づけたいと思っているなら、毎日の小さな積み重ねが肝心だ。私のお勧めの方法は、まず片づける部屋を1つにしぼり、残しておくモノと寄付するモノに分けるというものだ。たとえば、毎週10個いらなくなったモノをチャリティに寄付するのもいいだろう。この作業には時間がかかるけれど、得られるものは大きい。段階的に変化を起こせば新しい習慣をスタートさせるのも楽だし、いっぺんにライフスタイルを変えるよりも習慣として定着しやすい。

・「100個チャレンジ」にトライしてみる

私は「100個チャレンジ」、つまり自分の持ち物を100個にしぼったおかげで、自分の生活に本当に必要なモノを知ることができた。たとえあなたがどれだけたくさんモノを持っていようとも、このチャレンジに取り組めば、自分の持っているモノをすべて棚卸しし、これまでの買い物のパターンを見つめ直す作業からは逃れられない。このチャレンジで特に大変なのは、何を残して何を捨てるかを決めることだ。チャレンジしようと決心したら、これは自分自身のチャレンジなのだから、自分なりにルールをアレンジしてもかまわない、ということを忘れないでほしい。考案者のデーブ・ブルーノなんて、本棚の本をすべてまとめて1つと数えたのだから！　それも全然ありだ。そもそも100個チャレンジは、自分のライフスタイルとニーズに応じて行うのを目的としているのだ。

・ダウンサイジングにまつわる不安を全部書き出す

私の場合なら、まわりにどんな目で見られるかが不安だった。車がないから、ふつうの家に住んでいないから、みんなと同じモノを持っていないから、といった理由でのけ者扱いされるのは耐えられなかった。でも、この不安が的中することは一度もなかった。最初は、家族も友人も私たちの選択をどうしたものかと見ていたが、何度も話をするうちに私たちを応援してくれるようになっていった。

・サポートしてくれるネットワークを見つける

ダウンサイジングは、小さなステップの積み重ねだ。モノを減らす作業がうまくいかないからといって、自分を責める必要はない。あきらめず、どうすれば最後まで責任を持ってやり抜けるかを考え、それをサポートしてくれるネットワークを見つけよう。私の場合は、ブログに日々の挑戦を綴ることが目標達成をサポートしてくれた。ブログの読者全員に対して責任を持たなければ、と思えたからだ。そして、読者のみんなの励ましがあったからこそ、私は「絶対に成功させてやる！」と強く思えた。ブログなどをはじめてみることで、自分の挑戦をまわりに発信できないか考えてみよう。

パート2

シンプルライフで幸せになる

第3章　モノとの付き合い方を変える

私たちを取り巻くすべてのものが本当はどんな影響力を持っているのかを知ることが、変化への第一歩だと私は信じている。

——アニー・レナード（アメリカの環境活動家）

経済入門の授業中、私はイライラとペンを回しながら、今にも教室を飛び出したい衝動をどうにか抑えていた。単調な口調で国際貿易について話し続ける教授の声が、私の集中力を奪った。授業は退屈そのものだったが、話題が国内総生産（ＧＤＰ）に移ったとき、私はペンを回す手を止めた。教授はＧＤＰを「我々が経済成長率を測るときに用いる指標」と説明した。『The Story of Stuff（モノの流れ）』の著者アニー・レナードは、これをもっと簡単に、ズバリこう言い表している。「もっとたくさんのモノ。もっとたくさんのお金。ＧＤＰの言う成長とは、つまり経済がどんどん大きくなること」

その教授の授業はつまらなかったけれど、彼が話題にしたＧＤＰというテーマは私を刺激し、私の興味に火をつけた。これがきっかけとなり、私はほかの経済の授業も好んで取るようになり、最後には経済学を専攻し、経済の学位を取ることを決意した。経済について詳しくなるにつれ、私はあることに気がついた。教授たちは経済成長の重要性についてはイヤというほど話すのに、幸せについてはまったくと言っていいほど話題にしないのだ。経済学は「陰気な科学」とも呼ばれるだけに、この学問に関わる人たちは本当に陰気なようだった。でも、そんな教授たちに交じってただ1人、私の興味を惹く人がいた。

その人こそ、私のお気に入りの教授の1人、マイケル・ペレルマンだった。ペレルマン教授は私たち生徒に、当たり前の政策決定を疑ってかかれと勧めた。教授がよく話題にしたのは幸せや消費主義についてで、彼は「経済が成長し続けるのを良しとする経済モデルは良い政策とは言えない」と言っていた。その理由を教授は、GDPからはいくつかの極めて重要な判断基準が抜け落ちているからだと語った。

ロバート・ケネディ元大統領は、その点について、こんなふうに説明している。「(GDPの数字には)子どもたちの健康や彼らが学ぶ教育の質はおろか、遊ぶ楽しさも、詩の美しさも、夫婦の固いきずなも含まれていません。またGDPでは、演説のセンスや議員の誠実さを測ることもできなければ、私たちの機知や勇気、知恵や知識を測ることもできません。自国に対する自分たちの慈悲や愛も、測ることはできません。確かに、GDPで測れるものはたくさんあります。ただしそこに、人生に生きる価値を与えるものは含まれていないのです」

では、GDPで測れるものとはいったい何なのだろう？　それは、生産、消費、サービス、貿易がどれだけ伸びたかという経済の成長率だ。そして、今挙げたものはすべて、たとえばイラクでの戦争や海への原油流出事故、森林伐採、核弾頭のコスト、それに私たちがショッピングモールで買うあらゆるモノの結果としてもたらされている。

そうなると、ここでかなり大きな疑問が出てくる――幸せにはなれないのに、どうして成長率ばかり測ろうとするのだろう？　アメリカのジャーナリストであるリチャード・ハインバーグは、『The End of Growth（成長の終焉）』の中でこう述べている。「幸福というテーマは、それを測定する良い方法がなかったために、経済学者たちの間で避けられてきた。ところが近年、『幸福経済』なるものを専門とする経済学者たちが、（寿命、所得、教育などに関して）主観的な調査を客観的なデータと結びつける方法を編み出した。これにより、一貫したパターンを伴うデータが提供されるようになり、国民幸福度指数は実用的なものとなってきている」

ハインバーグはさらに、2008年の金融危機直前の状況についてこう説明する。「（アメリカでは1世帯当たり）手取りの約19％を借金返済にあてており、さらに国民全体の未払いの借金額も、金融危機直前にこれまでで最高の14兆ドルに達した。つまり、それだけのお金が使われたのだから、アメリカ経済はその年、全体として14・3兆ドルに値する成長を見せてしかるべきだったのだ」。これではイライラしたり落ち込んだり悩んだり、不幸感にさいなまれたりする人が増えているというのもうなずける。

先にも紹介したティム・カッサーによれば、「宗派、哲学の学派にほぼ関係なく、賢人と呼ばれる人たちは皆、物質的豊かさと社会的名声ばかりを追い求めていては生きる意義が損なわれてしまう、と主張している」のだそうだ。しかし私たちの文化は、「モノはたくさんあればあるほどいい」「モノをたくさん消費すれば誇らしい気持ちになれる」というメッセージを私たちに送ってくる。その結果、私たちは自分の身を犠牲にしてでも、果てしなくモノを求めてしまう。

私自身そうだったし、友人や家族の中にもそうしている人がいた。クレジットカードの限度額まで使い切っても、ボートや車、家が欲しいとなれば、また別のものを担保にして高金利のローンを組む。ローガンも私も、そんな自分たちのライフスタイルに、2003年に結婚生活をスタートさせた当初から疑問を抱いていた。とはいえ、2005年にメキシコのチアパスを訪れるまで、何も変わらなかった。この地を訪れたのがきっかけで、私の考えはガラッと変わり、自分の行動とペレルマン教授の授業で学んだ幸福経済なるものとの間に、つながりを見出すようになったのだ。

方向転換

1ベッドルームの新しい我が家に引っ越す1年ほど前の2004年の終わりに、私は資産運用の会社を辞める決断をした。その頃はまだ、ローガンと私はこの先どうやってダウンサイジングに乗り出し、生活をシンプルにしようかと話しはじめたところだったが、私は、幸せになるには今の仕事を辞めて、もっとやりがいの感じられる仕事をするしかないことに気づいていた。

その一環として、2005年に私はMSN［訳注：Mexico Solidarity Network。メキシコ連帯ネットワーク］での活動をスタートさせた。MSNはメキシコの民主化、公正な経済、人権に関する支援をメキシコと連携して行っているボランティア団体で、本部はシカゴにあった。だが、アメリカ中どこにいてもその活動に参加することは可能で、カリフォルニア州デービスに住んでいた私は、メールと電話で本部とやりとりしながら活動した。

ボランティアの1人として、私はメキシコのチアパス州に住むサパティスタというコミュニティの女性たちが作った民芸品を売っていた。女性たちは「ウーマン・フォー・ディグニティ」［訳注：「女性に尊厳を」の意］というグループを組み、ハンドメイドのブレスレットやブラウス、バッグ、枕カバー、かわいらしいキルトなどを作っていた。

サパティスタと聞くと左翼ゲリラと言う人もいれば、現代のヒーローだと言う人もいる。その人の考え方や政治思想によっていろいろな見方をされるサパティスタだが、1994年に北米自由貿易協定が締結され、安いアメリカの農産物などがメキシコに流れ込むようになってからは、自分たちのコミュニティの資源、特に土地が脅かされるようになり、MSNをはじめとするボランティア団体との連携を強め、その保護に取り組んでいる。

　毎週土曜日になると、私はホンダのステーションワゴンに美しい民芸品がいっぱいに詰まったトランクを積み込み、ファーマーズマーケットが開かれる場所に向かった。到着すると折りたたみ式の小さなテーブルをセットし、そこにたくさんの品を並べた。そこでの売上がサパティスタに送られ、教育や福祉をはじめとするさまざまな地域活動に役立てられるというシステムだった。

　ローガンは私のこの活動を応援してくれ、よくマーケットに同行して手伝ってくれた。そんなある日、私は彼にメキシコに行きたいという思いを打ち明けた。

「どこに行きたいだって⁉」ローガンはすっとんきょうな声を出した。

「チアパス。メキシコの一番南の端にある州よ。一緒にボランティアをしているスタッフからメールをもらったの。今度、みんなでオベンティックというサパティスタの人たちが住む村の1つに行くんですって。その村はサン・クリストバル・デ・ラス・カサスっていうチアパスの大きな街の近くにあるの。考えてみたんだけど、私にとってこの旅は今までのボランティア活動の集大成とも言える、またとないチャンスだと思うのよ」

　ローガンは大きくため息をつくと言った。「僕にはわからないよ、タミー。新しい経済の仕組みに君がすごく興味を持っているのは知っているし、サパティスタの主張や考えにも僕は全体的に賛成できる。でも、チアパスと言ったら武装地帯じゃないか。そんなところに行くのはどうかと思うな。それ以前に、奨学金の返済だってまだたくさん残っているだろ。大きな旅に出る前に、まずは目の前の借金を返すべきじゃないかい？」

私はあきれたという表情を作ると、こう答えた。「何だっていいわ。借金なんて気にしてられるもんですか。どっちみちこの先もきっと借金を背負っていくんだから、行ったって同じじゃない！　こんなチャンス、もう二度とないかもしれないのよ。それにチアパスは、あなたが思っているほど危険な場所ではないと思うわ。とにかく、もう決めたの。私は行く。たとえ、あなたが一緒じゃなくてもね」

そんなことを口走りながらも、彼はきっと私と一緒に来るはずだ、という根拠のない自信が私にはあった。そして、本当にそのとおりになった。私は、あのときのローガンの言葉を今でもはっきりと覚えている。「君という人は、ときどきとんでもなく頑固になるね。チアパスに行くのは気が重いけど、家にいたってもっと気が重くなるだけだし、心配も減らない。それなら君についていくよ」

現実的に考えれば、私たちは旅になど出ず、家でモノと借金のダウンサイジングに励んでいるべきだったのだろう。でも、私はそれまで一度たりとも、お金のために何かを我慢したことなどなかった。そんな私だったが、サパティスタの人たちのことを知れば知るほど、モノとお金との付き合い方を見直したり、「どうやって自分のスキルを生かせば社会の役に立てるのだろう」ということを考え直さずにはいられなくなっていった。

もう1つの世界

メキシコシティの空港に降り立ってみてはじめて、私はローガンの言う「メキシコは武装地帯」という言葉の意味を理解した。まだチアパスに入ったわけでもないのに、空港ではマシンガンをぶら下げた警察官たちが至るところにいた。子どもの頃、海外旅行に連れていってもらったことはあったが、大人になってアメリカを出るのは、これがはじめてだった。軍隊が持つような武器がふつうに見られることに、私はショックを受けた。

空港でチアパスへの乗り継ぎ便を待っている間に、何人かのMSNのボランティアスタッフを見つけ合流した。メキシコシティからチアパスの州都トゥストラ・グティエレスへのフライトは、あっという間だった。他のメンバーとの合流予定地であるサン・クリストバルに先に入っているジェニファーからは、空港には迎えのタクシーを手配しておくと聞かされていた。

ところが1時間待っても、タクシーは一向に現れない。心配ないよ、と一緒にいたメンバーのエミリオは言った。エミリオはスペイン語が堪能だった。彼が言うには、サン・クリストバルまでは、バスでも行くことができるという。つまり、私たちに必要なのは、空港からサン・クリストバル行きのバス停までのわずかな距離を移動する手段だった。

エミリオがこの状況を1人の年配男性に説明すると、その男性は快く、しかもわずかな料金で私たちをバス停のある街の中心地まで乗せていってくれた。彼はまるでレーサーのように、他の車の間をものすごいスピードですり抜けていき、私は死ぬんじゃないかと本気で思った。余計なことを考えないために、私はびゅんびゅん顔に吹きつける温かい風に意識を集中させた。後ろに流れていく景色に目をやると、家と呼ぶにはあまりにも粗末な掘っ立て小屋や、5歳くらいの幼い女の子が路上でキャンディや土産物を売っている姿が見えた。

その光景を目にしたとき、私はいかに自分が身勝手だったかを思い知らされた。中流階級の白人アメリカ人女性という恵まれた立場の私は、これまで何年間もモノを追いかけ、常に今以上のモノを欲しがり続けてきた。自分が幸せになるので頭がいっぱいで、世界ではモノが足りないためにどれだけの人が苦しんでいるかなんて考えたこともなかった。

車の急ブレーキで、私は現実に引き戻された。私たちは親切な男性に別れを告げ、バスに乗り込んだ。バスの中はうだるように熱く、すぐに汗が吹き出してダラダラとおでこや首すじを流れ落ちた。それでも車窓から見える景色は美しく、心を奪われた。バスはゆっくりとクネクネした山道をのぼっていき、山頂に近づくにつれ道はどんどん険しくなった。のろのろと進むバスの窓からは、さまざまな種類の畑が見えた。私は、農民たちの知恵に胸を打たれた。彼らがトウモロコシ畑にしていたのは急な斜面で、そのそばでは牛が素晴らしいバランス感覚で草を食《は》んでいた。

やっとの思いでサン・クリストバルに到着したときには、私はエミリオへの感謝の気持ちでいっぱいだった。ローガンも私もスペイン語はほとんどしゃべれないから、エミリオがいなければ絶対にたどり着くことはできなかっただろう。教えられた部屋をノックすると、中からジェニファーが顔を出した。「何かあったんじゃないかと思って心配していたところよ。タクシーが遅れたの？」

エミリオはいぶかしげな表情を浮かべると、「それが、迎えのタクシーが来なかったんだ」と言った。「だからヒッチハイクで街まで出て、そこからバスに乗ってきたんだ」

「嘘でしょ！　私、運転手に先にお金を渡しておいたのよ。きっと、お金だけ持って逃げたのね……。本当にごめんなさい！　でも、こうしてみんなケガもなく無事に着いて本当に良かったわ。さあ入って！」

私たちは部屋に入るとホッとひと息つき、他のメンバーとも合流して、翌週からのスケジュールを確認し合った。予定では、サパティスタの人たちが暮らすオベンティック村に行く前に、数日間サン・クリストバルに滞在し、レクチャーをいくつか受けることになっていた。

サン・クリストバルに到着した最初の夜は、街をぶらぶらしたり、観光してまわったり、道行く人を観察したりして過ごした。街は思わず畏敬の念を抱かずにはいられないほど荘厳で、どこを歩いても見たことのないものや、大切に守られてきたスペイン支配時代の建築物に出くわした。赤い屋根瓦の家々に、石畳の路地……。あちこちの2階建てアパートやホテルのバルコニーからは花が溢れていた。

旅が進むにつれ、私はリュックひとつでやって来て良かったと心から思った。私はこれまで、そんな身軽な格好で旅に出たことはなかった。期間にすればほんの数週間だったが、この旅は私の目を開かせ、私を新しい世界と生活に導いてくれた。予想していたほどモノは使わなかったし、自分の持ち物がこんなに簡単に減らせるんだと気づいてびっくりした。出発前、ローガンと私は何を持っていくかでかなり揉めた。これで行こうと思うの、と言って大きなボストンバッグを見せると、ローガンは私を見つめてひと言、こう言った。

「ダメに決まってるだろう!」

「どうして?」私はおどおどして聞き返した。

「いいかい、向こうではあちこち歩きまわらなければならないんだよ。そのときに苦労するのが目に見えているのに、そんなばかでかいバッグを本気で持っていきたいのかい?」

ローガンの忠告に従い、私は新しいリュックを1つ買うことにした。予算はちょっとオーバーしたけれど、これは賢い買い物だった。今では自転車、パソコン、カメラに並んで、このとき買ったリュックが私のお気に入りの持ち物の1つになっている。

ついにオベンティック村に到着したとき、私にはこれから何が待ち受けているのか見当もつかなかった。サパティスタの人たちの口から「土地を持つ、医療や教育を受けるなどの当たり前の権利を手に入れるのが自分たちには難しい」という話を聞かされたときには、胸に突き刺さるものがあった。でも、そんな困難な状況にありながら、彼らは幸せそうだった。いや、幸せに満ち溢れていると言ってもいいくらいだった。彼らの苦悩を美化して書こうなどというつもりはないけれど、しかしそこには私が求めていた、コミュニティとの強い結びつきがあった。あのとき、私が求めていたのはまさにそれだったのだ。

この旅で、私はいかに自分が経済的に恵まれているかを痛いほど自覚した。サパティスタの人たちは、私が「これがなければ生きていけない」と思うたくさんのもの、たとえば大きな家、車、おしゃれな洋服、テレビといったものを、何ひとつ持ち合わせていなかった。彼らがほんのわずかなものしか持っていないのに、あんなにも美しい壁画が描け、政府によって政治的、軍事的に厳しい立場に追いやられているにもかかわらず、それでもなお幸せでいられるとすれば、変えなければならないのは私の中の何かだった。

旅を終えて

チアパスへ旅行に行けたこと自体が、私が恵まれている証拠だった。自分の世界観を見つめ直すためだけに、誰もがふらっとメキシコに飛べるわけではない。もし、あのときサパティスタの人たちに会いにいっていなければ、私はシンプルに暮らそうと考えたり、ローガンのダウンサイジングの話に耳を貸したりはしなかっただろう。そういう意味で、この旅はより良い生活、つまりモノをいくつ持つかではなく、自分の健康、幸せ、コミュニティへの貢献を第一に考えた生活を切り拓く重要な足がかりとなった。

もちろん、自分の世界観を見つめ直すために世界を旅する必要などまったくない。必要なのは、「自分が見たい世界のために自分が変わるんだ」という強い気持ちだけだ。安っぽく聞こえるかもしれないが、これが自分の世界観を変える唯一の方法なのだ。事実、私はこれまでの経験で、自分の関心をモノからコミュニティにシフトさせれば世界観が変わるということを知った。旅の中で出会ったサパティスタのあるグループは、自分の暮らす場所や自分の属する集団に深い思い入れを抱いていて、必ず自分たちの暮らす村はもっと豊かになると信じていた。そして、それさえ実現できればほかには何も望んでいなかった。

サパティスタの人たちが暮らす村は私に、ワールドウォッチ研究所のアラン・ダーニングが言う「豊かな暮らし」を思い起こさせた。『どれだけ消費すれば満足なのか』の中で、ダーニングはこう述べている。「求めてばかりではなく、足るを知る精神で生きれば、私たちは元の状態に、文化的に言うなら人間としてのあるべき姿に戻ることができる。つまりそれは、家族やコミュニティ、仕事、生活本来の姿、スキルや創造力、創作物への畏敬の念、夕焼けを見たり海辺を散歩したりできるゆったりとした生活のリズム、人生の貴重な時間を捧げられるコミュニティ、何世代にもわたって引き継がれる故郷を指す」

スモール・アクション

モノとの付き合い方を見直す前に、次のようなアクションを生活に取り入れられないか考えてみよう。

・いつもより少ない荷物で旅行してみる

次に旅行に出るときは、旅の期間にかかわらず、スーツケースいっぱいに荷物を詰めるのはやめて、リュックひとつで出かけられないかチャレンジしてみよう。「こんなことで何か変わるの?」と思うかもしれないが、これが本当に効果があるのだ。

・1カ月待ってからモノを買う

私は、何か新しいモノを買おうと決めても、最低1カ月は待つことにしている。待つ期間を設ける習慣をつけたおかげで衝動買いをしなくなったし、欲しいモノが本当に自分にとって必要なモノかをじっくり考えるようになった。たとえばつい先日、私はiPhoneを購入したのだが、本当は2007年の発売当初から欲しくてたまらなかった。つまり私は、5年間も待ち続けたのだ!

・「1つ買ったら、1つ手放す」を心がける

1カ月待つのに加えて、もう1つ私が心がけているのは「ワンイン・ワンアウト」。つまり、何か1つ新しいモノを買ったら、これまで持っていたモノを1つ手放すということだ。何か新しいモノを買うたびに、私は持っていたモノをチャリティに寄付している。本、セーター、シャツ……。買うモノが何であっても、これは変わらない。

第4章　借金の底力

人生を変えたいと思うなら、今はじめなさい。そして、派手にやりなさい。ほかに道はない。

——ウィリアム・ジェームズ（アメリカの哲学者）

運転席に座って前の車のバンパーをじっと眺めていた私は、思わず叫んでしまいそうになった。文字どおり身動きが取れない状況にイライラがつのる。心も体もまるで巨大な石のように重たい。働きすぎと飲みすぎ、それに多すぎるストレスと借金のせいで、私は自分で自分を追い詰めていた。1年以上毎朝渋滞につかまっているなんて、まるで借金と同じ。そうやって私は、なかなか自分の行きたいところに行けないでいる。

私は、この皮肉な状況に思わず苦笑した。この頃の私は資産運用の会社にまだ勤めていて、お客さんには「長期投資をしましょう」「もしものために貯金をしましょう」「クレジットカードの借金は返し切りましょう」「自分にいくら未払い金があるか忘れないようにしましょう」などと話していた。でもそう言っている本人が、そんな基本的なことを1つも守れていなかった。家計はまるで、散らかり放題のクローゼットのような状況。私たち夫婦はあちこちの銀行で口座とクレジットカードを作り、何がなんだかさっぱりわからない状態に陥っていた。

ローガンも私も、この状況に手も足も出ず、途方に暮れていた。生活の歯車も狂いはじめていた。2004年当時、私は出口の見えないトンネルの中にいた。1トンの重みが決定打となり、ついに私たちは借金に宣戦布告せざるをえなくなった。1トンの重み——それはつまり、私たちが買おうと決めた新車1台分の重みだった。

夢の新車

あれは、カリフォルニア州デービスに住んでいた頃のある夏の日のことだった。ねえ、車を買い替えない？　私のこのひと言で、昼下がりの穏やかな空気が一変した。私たちはすでに2台車を持っていたが、私の乗っていたほうにガタがきていたのだ。けれども買い替えるとなると、今でも多い借金がまた増えてしまう。私たちは互いに相手を非難しはじめた。「車の1台くらい買ったって同じじゃない。どうせ一生借金とは付き合っていかないといけないんだから。奨学金だって返し切れっこないし。みんなにも『車の1台くらい買えば？』って言われているじゃない。お父さんだって、そうしたほうがいいんじゃないかって言ってたのよ！」

ローガンは目を丸くして言った。「そんな理由で車を買い替えるなんてバカげてる」

「じゃあ、仕事にはどうやって行けって言うの？　安心して通勤するためにも、新しい車が必要なのよ」

「僕にもそんなのわからないよ。まずはちょっと計算してみて、どうするかはそれから考えよう」

その夜、私たちは新車を買うのと、今の車に乗り続けるのとではどちらのほうが得かを計算してみた。その結果、買い替えたほうが安くつきそうだという結論に至った。今の車はこれまでに2回もギアが故障していたし、エアコンも壊れているし……と考え出すと、気になる点はどんどん出てきた。そんなトラブルのせいで、私たちはお金はもちろん、時間と手間を費やしてきた。ある夏など、高速道路で故障して、取り残された私はひとり炎天下でレッカー車が助けにきてくれるのを待つはめになった。だから私は、「こんな車、とてもじゃないけれど使えない」と思っていたし、買い替えるほうが合理的だと思っていた。

しかし、借金が増えることに変わりはない。そこで、私たちはいつもと違うことをしてみることにした。自分たちがこの先やりたいことを書き出していったのだ。私たちは自然と、「ベスト・ポッシブル・セルフ」と呼ばれる「自分が一番なりたい自分」を書き出す作業に取りかかっていた。研究者たちによれば、目標を書き出すのは、自分の未来を具体的にイメージするのに効果的だという。その結果、私たちは借金がないほうが自分たちの夢をはるかに追いかけやすいことに気づいた。たとえば、私は生活費のためだけにやっていた当時の仕事を辞めたいと思っていたが、借金がどうにかならないとそれも難しいことが明らかになった。

借金完済のプランを練るには、自分たちのお金の使い道をすべて書き出す必要があった。そして、どんなものにいくらお金を使っているかがはっきりしたとき、私たちの最大の出費は家賃ではなく、２台の車であることがわかった。その額は驚くべきものだった。車のローンとその利子、保険料、ガソリン代、維持費などをすべて合わせると、出費は年間で1万ドルにものぼっていたのだ。この数字は、国民平均を少し上回るものだった。米国自動車協会の調べによると、平均的なアメリカ人が車にかける費用は年間９０００ドルで、これは収入全体の20％に当たる額だという。

私たちにとって車を手放すのはダウンサイジングの中で最大の試練だったので、段階を踏んで行っていった。まず、ローガンが２００４年末に自分のフォード・レンジャーを売り払った。それから2年後の２００６年、今度は私がホンダの古いステーションワゴンを手放し、ようやくブルーのフィットを購入した。しかし皮肉にも、この新車の購入により、私たちは本当の意味で生活を変え、そして夢を実現させるには、車のない生活を選ぶしかないという結論を下すことになる。

借金からの自由に向けて

私は、車が1台しかない生活は不便だろうと思っていたが、実際にはそんなに悪いものではなかった。私の車離れのきっかけは、当時大学院生だったローガンが、学校まで毎日楽しそうに自転車で出かけていくのを見て、嫉妬《しっと》を覚えたことだった。そこで私は、車を買い替えたばかりだというのに、当時住んでいたデービスからサクラメントにある会社まで、15分ほど列車に乗って、そこから数キロ歩いて通うことにした。

車より通勤時間は15分長くなったが、1日のはじめに歩くのはとても気持ちの良いものだった。ちょっとした運動にもなったし、おまけに駐車代を払う必要がなくなったので、毎月200ドルの節約にもなった。しかも渋滞に巻き込まれずに電車と徒歩でスイスイ通勤できたので、以前のようにイライラすることもなくなり、なんだか自信までついた。私のこのような変化は研究結果でも証明されていて、十分な運動はストレスを軽減し、運動をしない場合と比べてはるかに幸せな気分になることが明らかになっている。

一方、あまり車に乗らなくなったせいか、新車なのにエンジンがかからないというトラブルにたびたび見舞われ、私はしょっちゅうコールセンターに問い合わせるはめになった。お店では「交換するほどバッテリーは減っていませんよ」と言われたこともあった。この車を持っている限りは、もっと車に乗らないとどうしようもない状況だった。

これで、次の一手が明確になった。２００７年、私たちは同じカリフォルニア州のサクラメントの小さなアパートに引っ越し、買ったばかりのフィットを売り払い、車を1台も持たない生活をスタートさせた。私たちの移動手段は、自転車かバスや電車などの公共交通機関だけになった。借金から自由になるためにこんな手段に出るなんて、大学時代はもちろん、資産運用の会社で働き出した頃の私には想像すらつかなかった。私はそれまでずっと、車は必需品だと思っていたし、車がなくては仕事にも行けないと思っていた。自転車で買い物に出かけたり、キャンプに行ったり、エンジンなしでの生活が楽しいと思える日が来るなどとは夢にも思っていなかった。

私たちは今も車を1台も持たない生活を続けているけれど、長期の旅行に出るときはもちろん車を借りる。たとえば、私たちはジップカーというカーシェアリング会社のサービスを利用しており、会員費として毎年１５００ドルほど支払っている（月々の固定費と実際の使用料も含んでの値段だ）。車をまったく持たない生活は誰にでもできる選択ではないにしろ、台数を減らしたりカーシェアリングをしたりして、乗る頻度（と経済的負担）を減らせないかどうか、考えてみる価値はあると思う。

おもしろいことに、今ビジネスの世界でもこの「シェア」というアイデアに注目が集まっている。『メッシュ——すべてのビジネスは〈シェア〉になる』の著者である起業家のリサ・ガンスキーにシェアの重要性を尋ねてみると、こんな答えが返ってきた。「個人間でのカーシェアリングをサポートする会社がいくつか出てきて、私たちは自分の必要なときに車を近所同士で貸し借りできるようになった。それによって車の絶対数といい加減な場所への駐車が減るから、コミュニティの土地が有効活用されるようにもなるわ。それに、カーシェアリングを通して貸し手と借り手の間にある種の心の結びつきが生まれる。おまけに、まだはじまって間もないサービスだけど、車の貸し手たちはレンタル料として毎月300~750ドルの副収入を手にしているの」

ガンスキーはさらにこう語った。「カーシェアリングと同じ戦略は、家、オフィス、店、土地、機械などのツール、ブランド品など、さまざまな分野で応用できる。モノをあまり持たない暮らしの魅力は、必要が生じたときにだけ欲しいモノやサービスにアクセスできる点にあるの。私たちは今、モノの価値とコストのバランスを見直しはじめている。それによって私たちのライフスタイルは、モノばかりを追い求めるかたちから、あまりモノを持たないかたちにきっと自然と切り替わっていくはずよ」

自分たちの生活を、自転車などの車に取って代わる交通手段を中心に築こうとしたおかげで、私たちの生活は豊かになっていった。でも、それは1段ずつ階段をのぼっていくような作業だった。あなたがもしそれを望むなら、まずは今の状況をきちんと把握し、未払いになっているお金を減らしていくための創造的かつ効果的な手段を見つけなければならない。

私とローガンがよちよち歩きの赤ん坊並みのペースでダウンサイジングへの道を歩みはじめたとき、私はシンプルライフがテーマのブログを読みはじめた。そしてレオ・バボータの「Zen Habits（禅的生活）」というブログに出会った。レオも私と同じように借金を返済し、モノを手放し、キャリアを変えようとしていた。そしてレオのブログがきっかけで、私もブログを書きはじめることになる。

レオ・バボータ：借金脱出の決め手は雪だるま作戦

レオは私に、2005年が自分の人生の中で最悪と言える1年だったと語った。「当時はその日暮らしもいいところで、稼いだ以上に使ってたよ」。医療費、車、クレジットカードによる借金……。彼は常に大小さまざまな借金をギリギリのところでやりくりし、まるで借金のお手玉状態だった。債権回収会社からは、家賃の支払いを催促する電話がしょっちゅうかかってきたが、支払いが追いつく日はどう考えても来ないように思われた。レオは当時を振り返り、次のように語った。

「請求書はどんどん増えていくのに、ウチには養わなければならない子どもたちがいた。あの時期は幸せだったとは言いがたいね。なかでも一番と言えるくらいつらかったのは、貯金が底をついて食べるのにも困ったとき。仕方なく、子どもの貯金箱からこっそりお金を盗まざるをえなかったほどだった。もちろん、あとでお金はちゃんと返しておいたけど、あのときの気持ちはとても言葉で言い表せるものじゃない。僕以上に苦しんでいる人がいるのはわかっていたけど、僕にとってはあの時期が人生のどん底だった」

「それほどまでの借金から、どうやって抜け出すことができたの？」私は尋ねた。

「生活をシンプルにしようと決心したとき、僕がまず目標にしたのはタバコをやめることだった。と同時に、その頃から借金の問題にも取り組みはじめた。そこで自分の収入と支出を書き出してみたら、明らかに支出が収入を上回っていたので、今ある借金を片っ端から書き出していったんだ。考えるのも恐ろしかったけど、避けては通れないステップだった。僕には、（借金という名の）出血を止める必要があったんだ」。そうレオは説明した。

レオは奥さんと一緒に支出を見直し、無駄を省く作業に取りかかった。外食をやめ、コーヒーはカフェではなく家で淹れて飲むようにした。ケーブルテレビも解約し、雑誌などの定期購読も打ち切った。そういった小さなアクションの1つひとつが、いずれ大きな変化をもたらす正しい道への第一歩だったのだ。

さらに、レオ夫妻は2台の車のうち1台を手放した。これは、テレビを解約するのとは訳が違った。彼らには6人も子どもがいたので、車1台での生活は最初は不便だった。けれども、だんだんその状況に慣れ、ついには残りの1台も手放す決心をした。そうして今、レオたち一家は車を1台も持たない生活を送っている。「あとから考えると明らかにふつうじゃないって思えても、そんな生活をしているうちは、生活ってこんなもんだ、これでふつうだって思ってしまうものなのさ」とレオは言う。

私はレオに、モノが溢れた暮らしからシンプルな暮らしに切り替えてみて、子どもたちとの関係はどう変わったかを聞いてみた。すると、こんな発見があったと語ってくれた。

「生活をシンプルにして、どうすればお金をかけない暮らしができるかを探ったことで、僕たち家族はもう一度、ひとつになれたんだ。たとえ借金がなかったとしても、僕はもう一度同じ道を選ぶね。僕たち家族は自由でお金がかからない暮らしを手に入れたんだ」

ショッピングモールで時間をつぶす代わりに、レオ夫妻は子どもたちと外で遊んだり、思いっきり体を動かしたりするようになった。裏庭でのキックベースもサッカーも、読書もボードゲームも家族みんなで楽しむ。レオいわく、「モールに行ってお金を使うなというほうが無理な話だよ。だって、そうなるようにデザインされた場所なんだから」。

レオは、子育てをしながらのシンプルライフについてこう述べた。「確かに、子どもがいない場合に比べたらかなり大変だけど、不可能ではない。できないと思うから、本当にできないんだ。僕なんて6人の子どものパパだけど、ここまで生活はシンプルになった。そのために僕ら夫婦は、子どもたちとふだんから片づけの練習をしたり、モノを持ちすぎるとどうなるかや、自分にとって本当に必要なものは何なのかを話し合うようにしているんだ」

レオにとって、生活をシンプルにするのは小さなステップの積み重ねで、お金を切り詰めることであると同時に、家族みんながもっと心の面で豊かな生活を送るためのものだった。そのために心がけている点について、彼は次のように語る。

「子どもたちとは日頃からよく会話をするのが肝心。ひと晩でどうこうなるもんじゃない。あと、モノをたくさん持たなくても幸せになれるんだということを、僕は自分の姿から子どもたちに感じ取ってもらえるよう努力している。でも何より大切なのは、子どもたちにあれこれ詰め込みすぎないこと。習い事に通わせたり、スポーツをさせたり、何かのクラブに入れたり、ほかにもいろいろな活動をさせて、子どもたちを毎日毎日急《せ》き立てるのは良くない。そんなことをさせなくても、自由な時間がたっぷりあれば、子どもたちは遊びながら創造力を育んでいく。家族と過ごす時間は僕にとっても大切なんだ。まずは自分のノルマを減らしてみる――そうすれば、そこに誰にも邪魔されないのんびりした家族との時間が生まれるんだ」

それでは、レオは具体的にどうやって生活をシンプルにし、借金生活から抜け出したのだろうか？　支出を見直して無駄を省く作業に加えて、レオは借金を雪だるま式に返していった。これはフィナンシャルアドバイザーで作家のデイヴ・ラムジーが提唱しているものので、その方法は至ってシンプル。借金を1つずつ少額のものから順に返していき、徐々に額の大きいものに手をつけていくのだ。少額のものからだと手がつけやすいし、小さな達成感を繰り返し味わうことができる。そうやって、レオ夫妻は「必ず借金を完済できる」という自信と、次に続く明確な道筋を得ていた。

さらにレオはブログから収入を得られるようになったので、その分早く借金を完済することができた。彼は、特に大きなインスピレーションを受けたブログの1つに、J・D・ロスの「Get Rich Slowly（ゆっくりお金持ちになる）」という、「賢いお金の使い方」がテーマのブログを挙げた。「もし、これを読んでいる人が借金返済に向けて今がんばっているなら、1人でも2人でもいいから、ブログを通して同じことで悩んでいる仲間を見つけることをぜひお勧めしたい。僕はJ・D・ロスのブログに出会えたおかげで、欲しかった良識あるアドバイスが得られたし、逆に僕は自分のブログを通して、彼の役に立つことができたんだ」

ブログを通してもっと自分の経験をシェアしていこうというレオの考えには、私も賛成だ。ブログに自分の日々の挑戦を綴るのはいろいろな面で効果的で、たとえばやる気も湧いてくるし、人の役にも立てるし、自分の生活を振り返ったりもできる。レオは最後にこう語った。

「借金から抜け出すのと、生活をシンプルにするのは、言ってみればコインの裏と表みたいなもの。生活をシンプルにしたその裏に、借金からの脱出はある。逆に、借金から脱出したその裏には、必ずシンプルな生活がある。シンプルライフは素晴らしい生き方だよ。なぜなら、一番大切なことにだけフォーカス（集中）できるんだから。そうなればほかのものはすべて、たとえば大きな家も新しい車も流行《はやり》の洋服も、何もかもどうでもいいことに思えてくる。モノを買うのは、ただ他人にすごいと思われたいからなのに、そのために時間やお金やストレスというかたちで恐ろしく大きな代償を払わなければならない。僕は今、毎日自分がワクワクすることをして暮らしている。ブログや本を書いたり、妻や子どもたちと一緒に過ごしたり、読書をしたりしてね。時間もたっぷりあるし、みんなと豊かな関係を築けている。以前と比べて時間に余裕ができた分、人間関係もずっと良くなったんだ。僕は今、昔とは比べ物にならないくらい幸せだよ」

スモール・アクション

今から紹介するアクションプランは、ローガンと私が3万ドルの借金を完済し、今住んでいるタイニーハウスを建てる資金を貯めるために、実際に取り組んだものだ。実践していくうちに、私は以前よりはるかに幸せになれた。あなたも、ここで紹介するアクションプランが自分の生活に取り入れられないかじっくり考え、使えそうなものはどんどん活用してほしい。そうでないものは無視してもらってかまわない。マーク・トウェインはこんな言葉を残している。「20年後、あなたは『あんなことをしなければ良かった』ではなく、『ああしておけば良かった』

と言って後悔する。だから今、もやいを解き放て。穏やかな港に別れを告げろ。帆を開き、風をつかめ。冒険せよ。夢を見よ。発見せよ」

・クレジットカードの枚数をしぼって、使用を最小限にする

クレジットカードを1枚か2枚にしぼって、ふだんの買い物では使わないようにしよう。クレジットカードの怖いところはその手軽さだ。どうしても使わなければならないとき、たとえばレンタカーを借りるときなどは、出費がいくらになるのか常に意識するよう心がけよう。

・余計な出費を減らす

借金完済の一番の近道である大きな出費を減らす作業は、一番厄介な作業である場合が多い。ここで忘れてはならないのは、額としては大したことがなくても、本来なら必要のないものへの出費を見直すこと。これは、大きな出費を見直すのと同じくらい重要で効果的だ。あなたの生活から車は削れなくても、外食費、洋服代、定期購読代など、もっと小さなものへの出費を抑えることはいくらでもできるはずだ。ふだんの何気ない行動を見直してみよう。たとえば、有料放送を見たりバーで飲んだりするのにあてていた時間を、散歩や図書館に出かけたり、友

だちを招いてご馳走を作ったりするのに使えば、無駄にお金を使わなくてすむ。

・支出プランを立てる

自分がどんなものにお金を使い、それを毎月どのように支払うつもりなのかを考えよう。支出プランを立てればストレスが減り、逆に幸福度は高まる。そして何よりも、お金をきちんと自分でコントロールできるようになるという大きな目標の前には、何かを犠牲にせざるをえないということがわかるはずだ。まずは、毎月必ず発生する出費をピックアップして、それについての支出プランを立てることが大事だ。このとき、家賃、食費、公共料金の費用を含めるのも忘れずに。そうすれば、ほかにもう少しお金をかけても大丈夫なもの（もしくは逆に節約できそうなもの）が見えてくる。突発的なものや年間を通して1、2回程度の出費も見落とさないようにしよう。実際、ある月だけ出費がぐっと増えることもある。たとえば、年末年始や夏休みなどは出費がかさむ。ということはつまり、その分の費用を毎月少しずつ切り詰めて確保しておかないといけないということだ。

・自分にとってお金とは何かを考える

お金、借金、収入に対する考え方は個人によって異なる。そしてその考え方しだいで、その人がシンプルな生活や借金のない生活にどれくらいすんなりなじめそうか、逆になじむのが難しそうかが決まってくる。あなたにとって、お金とはどんな意味を持つものだろう？　生活の中でどんな役割を果たしているものだろう？　収入を自分の価値や成功と結びつけて考えたりはしていないだろうか？

・収入をアップさせる

言うまでもなく、収入が支出に追いつかないなら、収入をアップさせるのも借金返済の解決策の1つだ。何かお小遣い稼ぎができないか、いろいろな方法を探ってみよう。

・もしものとき用の口座を作る

貯金専用の口座を作って、毎月少しずつでいいからお金を貯めていこう。これは言ってみれば、素晴らしい保険だ。この〝保険〟に入っているおかげで、私はあまり不安にならないし、今では思わぬ出費があったときでも、クレジットカードを使う代わりにこの保険で対応できている。

・**自分にご褒美をあげる**

借金返済は長期戦が予想される。だからときどき立ち止まって、自分にご褒美をあげるのも大切だ。サイクリングに出かけたり、カフェでコーヒーを飲んでちょっとぜいたくな気分を味わったりしてみるといいだろう。小さな目標を立てて、それが達成できたときにはちゃんと自分を褒めてあげよう。

第5章 売れるモノは売り、残りは寄付する

私は今でも毎日モノを手放し、そのたびにますます心は軽くなっている。

——コートニー・カーバー（ブログ「Be More with Less（〝足るを知る〟で幸せになる）」運営者）

今、私はとっても小さなタイニーハウスに住んでいる。広さにしてわずか10㎡ほど、わかりやすく言えば畳6枚分くらいのスペースだ。あなたも自分の家やアパートの部屋をテープで区切って、その中で生活するのがどんな感じか、ましてやその中に持っているモノをすべて収めようとしたらどんなことになるか、イメージしてみてほしい。2007年、ローガンと一緒にタイニーハウスへの引っ越しを考えはじめた頃の私は、本当にそんなことができるのだろうかと思っていた。

でも、できてしまった。ここに来るまでには、たくさんのモノを手放さなければならなかったし、正直に言えば今でもよく、「それは捨てちゃダメ！　いつか使うかもしれないんだから！」という、もう1人の自分の声が聞こえてくる。ここで忘れてはいけないのは、

そのいつかは恐らく一生やって来ないだろうし、仮に来たとしてもその頃にはもう使い物にならなくなっているということだ。

生活をシンプルにするうえでメインになるのが、このモノを手放す作業だ。今の自分の生活を振り返って、どれほどの時間をモノを手に入れたり管理したりするのに費やしているか考えてみてほしい。手に入れたモノをきれいにしたり、片づけたりするのにどれくらいの時間を割いているだろう?

たとえば1週間のうち、モノと向き合うのがわずか10時間だとしても、年間で考えれば520時間を費やしていることになる。これだけの時間があれば、ほかに何ができるだろう? ボランティアもできるだろうし、大切な人とももっと一緒に過ごせるだろうし、自分が情熱を燃やすことにももっと打ち込めるはずだ。

そして、いらないモノを手放せば、あなたの心はもっと軽く、そしてもっと自由になる。あなたを本当の意味で幸せにしてくれる人や活動のために、もっとたくさんの時間を喜んで差し出せるようになる。私も、モノを手放す作業をスタートさせたばかりの頃は、ためらうことが多かった。けれども、たちまちはまってしまった。そうすることでびっくりするくらい幸せになれたからだ。モノを手放せば、気分が良くなる。あなたの家が小さかろうと大きかろうと、それに変わりはない。

フード・ファイト

車を借りようと目的の店まで歩いているうちに、雨は小降りになり、太陽が雲の切れ間から顔を出した。角を曲がってノースウェスト23番街に入ったとき、私たちは日差しのあまりのまぶしさに思わず目を細めた。

オレゴン州ポートランドのこの通りには、上品な家具で知られるポッタリーバーンや、高価なキッチン用品を扱うウィリアムズソノマといった高級店が立ち並び、通りは店に出たり入ったりする人でごった返していた。ノースウェスト23番街は、別名「トレンディ・サード」とも呼ばれており、その名のとおり最新の流行を取り入れたブティックや高級レストランが軒を連ねている。

新婚の頃は、私たちもよくここでウィンドーショッピングを楽しんだり、（夢の）マイホームのために実際に買い物をしたりしていた。でも、それは昔の話。このとき、つまり2011年には、私たちはもうモノを手放す快感を知ってしまっていて、当時住んでいた1ベッドルームのアパートよりはるかに小さな家を自分たちで建てるという夢の実現に燃えていたのだ。

私たちは、共通の友人を通して知り合ったミシェルという女性に会いにいくところだった。聞けば、彼女はつい最近、ポートランド市街から少し離れた場所に、それはそれは小さな家を建てたという。彼女はその家に、トラネコのジョージ、犬のアリー、それにボーイフレンドと暮らしていた。「お茶でも飲みながらタイニーハウスの設計や建て方、それに実際の生活について何か役に立つようなことがお話しできれば」と言って、ミシェルは自宅の見学ツアーを申し出てくれたのだ。

自転車で行こうかとも思った。けれども、ミシェルの家は私たちのアパートから30キロも離れているし、おまけに私はインフルエンザの病み上がりだった。私たちがジップカーの会員になったのは、そんなちょっとした偶然が重なったからだった。借りたのは赤のプリウスで、お店の人たちはその見た目からこの車を「ペイン」［訳注：pained＝「怒った」「イライラした」に引っかけたジョーク］と呼んでいた。なんともうまく名づけたものだ。

ペインに乗り込み、トレンディ・サードを抜けポートランド市街をあとにすると、ほどなく景色がガラッと変わった。あちこちに農園が広がり、道はクネクネと狭くなり、通り過ぎていく家はどれも立派で古いものになった。このあたりの「ユー・ピック・ファーム」と呼ばれる農園は、お金を払えば一般の人でも借りられて、夏になると自分で育てたイチゴ、ラズベリー、ブルーベリー、モモ、トウモロコシ、トマト、ピーマンなど、ありとあらゆるフルーツや野菜を収穫して食べることができる。

窓から見える景色は、どこまでものどかで静かだった。雨上がりの農園は、降り注ぐ太陽の光を浴びてキラキラと輝いている。それなのに私は、「このあたりに引っ越すことになったら、市街までどうやって通勤すればいいんだろう」といったことばかり考えていた。

ミシェルの家が視界に入ったとき、私は思わず目を疑った。こんなに小さいのに、目の前の家にはちゃんとスギ材の壁にトタン屋根、そして赤い玄関までついている！ ふと私は、今乗っている車とサイズ的にいい勝負なんじゃないかと思った。

フロントガラス越しに、その家のあまりのかわいらしさに目を奪われていると、突然、目の前にミシェルの飼いネコのジョージが現れ、ひと声ニャオ、と鳴いた。「今までで一番素敵な歓迎を受けた相手は？」と聞かれれば、私はこのジョージを挙げるだろう。「こらっ！ ジョージ」と言いながらミシェルが現れたので、私たちは車を降り、改めて自己紹介をした。

「どうぞ」と言うミシェルに続き、私たちは家の中に入った。彼女がお茶を淹れてくれている間、私たちは窓際に置かれたソファでくつろいでいた。その間もジョージは、階段をのぼってロフトに行くとうたた寝をはじめて、私たちを大いに楽しませてくれた。

ミシェルが戻ってくると、私たちは幸せや家族のこと、この生活をするに至った経緯、さらには実際の暮らしぶりなどを尋ねた。彼女はどんな質問にも快く答えてくれ、そのオープンで飾り気のない人柄のおかげで、私たちはすぐに打ち解けることができた。

ミシェルは、それまで持っていたモノのほとんどを手放し、190㎡の自宅を人に貸し、こんなにも小さなタイニーハウスを建てようと思ったのは、掃除になど時間を取られずに自分が情熱を燃やすこと、つまり教師としての仕事にもっと時間を注ぎたいと思ったからだと語った。「モノを手放す作業は思っていたほど大変じゃなかったわ」と話すミシェルは、以前よりも幸せになれたという。

ミシェルに強い刺激を受けた私たちは、ポートランドに戻る車の中で「私たちにもできるかもしれない」などと話しながら、まだ見ぬ小さな我が家に胸を躍らせ、幸せな気分に浸っていた。ところが、行きの車内で感じたのと同じような不安が、またもや頭をもたげてきた。今持っているモノはどうするの？ どう考えたって、あのサイズの家には収まりっこない。あれは手放して、これは残して……と頭の中で考えはじめると、私の不安はどんどん大きくなった。そしてたちまち、「買いだめしている大量の食糧品はどうするべきか」をめぐり、私たちの議論は過熱していった。

すでに話したとおり、この4年前まで私たちはカリフォルニア州デービスの70㎡のアパートに住んでいて、その頃からローガンは大量の食糧をまとめ買いするようになった。まとめて買えば安くすむし、万が一自然災害に見舞われたときでも安心だ、というのがローガンの持論で、「FEMA（連邦緊急事態管理局）は最低でも3日間の食糧確保を、と言っているけど、ハリケーン・カトリーナが来てからは1週間から2週間分は必要だって言う専門家も少なくないんだ」と力説した。

私もまとめ買いというアイデアには賛成だった。半年分の食糧を買いだめするべきだ、とローガンが言い出すまでは……。私があまり乗り気でなかったのは、そのアイデアが行きすぎているように感じられたから、というだけではなかった。何個ものバケツに入った米や小麦がそこらじゅうを占領し、今まで以上に散らかり放題になったアパートを想像してしまったためだ。でも、私は黙っていた。夫を支える良き妻でありたかったのだ。

そうして2007年8月、ローガンは「サバイバル・エーカー」という専門サイトを通して食糧を注文した。それから1カ月ほどたったある日、私たちのもとに12個の6・5リットルの白いバケツが送られてきた。疑う家主を、私たちは「気は確かですからご心配なく」「マリファナ栽培キット? 違います、違います。ただの非常食です」と言って安心させなければならなかった。幸い、届いたバケツは当時の家の巨大なクローゼットにすっぽり収まり、私はそれきりその食糧のことを考えずにすんだ。

しかし、サクラメントに引っ越してからはそうはいかなかった。食糧がたんまり入った12個のバケツは、10坪(約40㎡)ほどのアパートにまでついてきたのだ。引っ越してすぐ、私はローガンに頼むからこのバケツを何個かあなたの実家に引き取ってもらって、と言わざるをえなかった。その結果、バケツは半分の6個になったが、しぶとくもその6個のバケツは、ポートランドのワンルームアパートに引っ越すときにまでくっついてきたのだった。そして最後まで残ったこのバケツ6個分の食糧は、私の中にあるモヤモヤしたもっと大きな問題の象徴のように思えた。

車を運転しながら、ローガンは言った。「どうしてあの食糧のことをそんなに毛嫌いするのか、僕にはわからないな。僕は、あれが家にあるおかげで安心していられるのに。もし何か災害が起きたって、少しの間は食いつなげる。てっきり、君も僕と同じ意見だと思っていたけど」

私は窓の外を見ながら言った。「ええ、私もそう思ってた。どうしてあのバケツにこんなにイライラしているのか、自分でもよくわからないの。たぶん理由はこう。その1、はっきり言って邪魔。その2、あると食べたくなる。私たちが実際に食べたのって、本当にちょっとよ。ほとんどクローゼットで眠ったままになっているじゃない。お互い、もうそんなにたくさんモノを持っているわけじゃないのに、あの食糧のせいで自分たちがまだモノにしがみついているような気になっちゃってしまうのよ」

話し合いは、乗っている真っ赤なプリウスのごとく、一気に燃え上がっていった。最後には、私はローガンを「(何でも貯め込みたがる)リス!」とののしり、お返しにローガンは私を「なんて無責任なヤツなんだ!」と言ってののしった。それから何週間も、私たちはこの問題について意見をぶつけ合った。そして私はとうとう、この食糧に対する私のイライラの原因は、元をたどれば不安だということに気がついた。タイニーハウスを建てたかったのは確かでも、ひょっとするとうまくいかないかもしれないという不安が私のどこかにあったのだ。

振り返ってみると、この手のケンカはお決まりのようになっていて、私たちはお互いの感情をぶつけ合うほかなくなっていた。そうした激しいケンカは決まって持っていると安心するモノ、たとえば昔からある洋服や本などを捨てる段階で起こっていた。これは自分にとって大事なものだからというのを言い訳に、私たちにはそれぞれ断固として捨てられないモノがあった。言い訳をやめて手放せないモノに対する見方を変えるのも、私たちにとってモノを手放す作業の一部だったのだ。

悩んだあげく、ついに私たちは、手をつけていなかった非常食のほとんどを寄付し、食べて減らしていけるもの、たとえばお米やキヌア、パンやクッキーを焼くのに使える小麦などは残しておくことに決めた。今でも、私たちは非常用に食糧を買いだめしている。でも、量を2カ月分にまで減らして、あらかじめ決めたスペースに収まるようにしている。

生活はシンプルに、考え方は大胆に、収納ボックスには手を出さない

ある日、本棚を片づけていたときのこと。私の口から次から次へと質問が飛び出した。

「ねえローガン、私たち本当にタイニーハウスでやっていけるかしら？　こんなことするなんてどうかしてない？　あなたの工具類とか、買いだめしている食糧とか、キャンプ用品とか、ちゃんと置く場所はあると思う？　私たちのしようとしていること、間違ってない？」

「心配ないよ、タミー。今言ったモノは全部、ちゃんと床下に収まるさ。大丈夫、うまく

いくよ。引っ越しが近づいてちょっと神経質になっているだけさ。それに、僕の持ち物をもう一度減らしてみるから」

「本気なの？」私は聞いた。

「ああ、本気だよ。実はこのところ、サボッてたんだ。しばらく持っているモノの数も数えていなかったし」

私は大きく息を吐くと、気を取り直して言った。「良かった、それを聞いて少し安心したわ。でも、やっぱりディーのアドバイスどおり、リビングをテープで区切ってみましょうよ。タイニーハウスのサイズとほぼ同じ2・5×5mが、どれくらいの広さかイメージしてみるの。このアパートに、仮のタイニーハウスを作ってしまえばいいのよ。実際にどれだけのものが収まるのかがわかれば、もっとチャリティに寄付しなきゃっていう気になるかもしれないでしょ」

これは2011年6月の話で、ローガンと私はPAD（Portland Alternative Dwelling）というディー・ウィリアムスが経営するタイニーハウス専門の建設会社と契約を交わし、夢のタイニーハウスの建設に向けて全力を注いでいた。予定では、その年の10月までに引っ越すことになっていたので、私はすっかりおじけづいていたのだ。

その約4年前、デービスからサクラメントに引っ越したあとに、私たちは前述のように自分の持ち物を100個にしぼる「100個チャレンジ」を実践していた。お互い自分の持ち物を棚卸しして楽しみながら取り組んでいたが、このチャレンジにはちょっとした問題があった。それは、かなり自由度の高いチャレンジだということだった。自分の好きなようにルールをアレンジできるので、当時の私は自分の持ち物だけ、つまり靴や洋服や本やパソコンや携帯機器類などしかカウントしていなかった。どういうわけか、2人で共有しているモノについてはまったく頭になく、それらはカウントしていなかったのだ。

そのようなわけで、広い約40㎡ほどのアパートから10㎡ほどのタイニーハウスへの引っ越しがいよいよ現実に近づいてきたとき、私たちのダウンサイジングは新たな、しかも緊急を要する課題に直面した。私があまりにも「モノが収まりきらなかったらどうしよう」と心配するので、私たちはさらにモノを手放す決心をした。残しておくかどうかを決めるために、私たちは1つひとつのモノを手に取り、「これは本当に必要？」「これは毎日使うもの？　毎週使うもの？　それとも月に一度くらいしか使わないもの？」「わざわざ手もとに置いておかなくても、シェアリングでどうにかならない？」「読み終わった本は、手もとに置いておくより図書館に寄付したほうがいいんじゃない？」などなど、たくさんの質問を自分たちに投げかけていった。

思い切ってモノを手放すのは、気持ちのいいものだった。勇気がいるのは最初だけ。はじめのうちは、今まであった場所からモノがなくなってぽっかりスペースができると、私はなんだか落ち着かなくなりイライラした。今回の作業では、私はこれまでよりたくさんの本を手放し、ローガンは自転車用の道具をいくつか友だちに譲ったりした。でも、「生活はシンプルに、考え方は大胆に」という自分たちの目標を再確認するにつれ、私の不安は引いていった。

モノを大量に手放す作業はそのときで3回目だった。1回目はカリフォルニア州デービスの2ベッドルームのアパート（110㎡）から、同じデービスにある1ベッドルームのアパート（70㎡）へ移ったときで、私はこの最初の挑戦ではまだまだ手放せないモノがたくさんあり、悩んだあげく、「そうだ、収納ボックスをたくさん買えばいいんだ。そうすればベッドの下に置いておける」という答えに行き着いた。

けれども、ありがたいことに当時、友人のアリソンがこの考えを思いとどまらせてくれた。「タミー、モノを減らそうとしているのに、逆にモノを貯め込むような真似をしてどうするの？　ダメよ、収納ボックスのことは忘れなさい。そうすれば幸せになれるから」。アリソンは実に正しかった。

ダウンサイジングを繰り返すたびに、私はどんどん幸せになっている。半分眠ったまま過ごすのではなく、生きているという実感を持って毎日を過ごせている。私には、ディー・ウィリアムスの力強い言葉で、今でも折に触れて思い出すものがある（あれは、TEDカンファレンスという講演会でのひとコマだった）。あのときディーは客席に向かってこう問いかけた。「あなたは死ぬときに、両手にどんなモノを抱きしめていたいですか？

少しの間、考えてみてください。どんな部屋でどんなモノに囲まれて、最期の瞬間を迎えたいですか？　そういったことをもっと日頃から自分に問いかけられれば、私が思うに、モノを手放せないなどということはなくなるはずです。そうなればモノへの執着心は薄れ、代わりに人や経験に興味が湧いてきます。そしてこの人や経験こそが、私たちを本当の意味で幸せに導いてくれるものなのです」

モノがなくても、私は私

タイニーハウスに引っ越す前、ポートランドでワンルームアパートを借りていたときのことだ。ある雨降りの朝、私は本棚を整理しながらタイニーハウスへの引っ越し作業に追われていた。窓の外に目をやると、雨は相変わらずバケツをひっくり返したように降り続いている。私は、それまでそんなに激しい雨を見たことがなかった。でもポートランドではそんな雨はしょっちゅうだから、これも私がこの地に来て驚いたことの1つだった。

一瞬、午後からのボランティアをサボッちゃおうかなと思った。今日みたいな日に自転車はつらいし、それに仕事も溜まっているし……。あ、でもこの前、新しいレインコートを買ったんだった。それにボランティアに参加したあとは、いつも気分がすっきりするのよね――そんなことを考えながら、私はどうにかして〝だらだらタミー〟を頭から追い払おうとした。「家でゆっくりコーヒーを飲みながら読書でもしましょうよ」と誘惑する、もう1人のなまけた自分を。それに、変に思われるかもしれないけれど、雨降りの中を自転車を漕いでいると、力が湧いてきて、代わりに欲が消えていくのを感じる。雨や風を顔に受け、自然を全身で感じながら走っていると、私もこの途方もなく大きな世界の一部にすぎないのだということが、自然と思い出されるのだ。

私はその頃、「リビング・ヨガ」というヨガスタジオで、ボランティアスタッフをしていた。スタジオに着くまでの間に雨はさらに勢いを増し、風はビュンビュンからゴーゴーというふうなりに変わった。スタジオの扉を開けたとき、私はまるでびしょ濡れの子ネコのようなありさまだった。レインコートを脱ぐと、雨粒がダダッと勢いよく床に落ちた。私は〝だらだらタミー〟の誘惑に負けなかった自分を誇らしく思うと同時に、気心の知れた仲間と、ここでこうやって温かいコーヒーが飲めることに心から感謝した。

ホッとひと息ついていると、スタジオの代表者であるエイミーがやって来て椅子にどさっと腰を下ろし、口を開いた。「昨日の夜ね、友だちと、どうして私たちの生活はここまでモノに支配されているのかしら、という話になったの。ねえ、持っているモノをそんなにたくさん寄付したり売ったりするのって、どんな気分？」

「そうねえ、ここまでモノを減らすにはものすごく時間がかかったわ。小さなステップの積み重ねだったの。まずは、お金の節約からはじめなければならなかったし。これだけたくさんのモノを手放して、タイニーハウスに住む日が来るなんて、夢にも思わなかったわ」と私は答えた。

「手放さなかったら良かったって後悔したりする？」エイミーがさらに尋ねた。

「はじめた頃は、これだけたくさんのモノを手放したらきっとあとで後悔すると思ってた。でも不思議なことに、手放せば手放すだけ気分が良くなっていったの。何より大変だったのが車ね。車を手放すのはさすがにつらかった。でも、今では惜しいとは思ってないわ。それに、私は自転車が大好きだもの。たとえどれだけ雨に降られようともね」

するとエイミーは、こんなことを打ち明けはじめた。実はエイミーも、家をきれいに片づけようと、持っていたモノをチャリティに寄付していた時期があるのだという。だから、ポートランドに引っ越してきた当初は、ごくわずかなモノしか持っていなかった。けれども、今彼女のアパートはモノで溢れ返っていて、片づけるのにイヤというほど時間を取られているのだそうだ。「コレクションしていた布地ですら1枚1枚どうするか考えて、何十枚も寄付したのよ」とエイミーは言った。「手放すのは本当につらかったわ。私、裁縫が大好きだから。でも気づいたの。こんなにたくさん布を持っていても、全部使うだけの時間がないって。時間さえあれば、ドレスの1枚くらい1カ月で縫いあげてみせるのに」

リビング・ヨガでのボランティアを辞めたあとも、どうしてこんなにも多くの人がモノを持つことにこだわるのか不思議でならなかった。振り返ってみると私の場合、本来必要もなければ使いもしないモノをそれでも持っていたかったのは、そのモノの中に自分のアイデンティティ、つまり「まわりからこう見られたい」という理想の自分を見出していたからだ。私はライターでブログも書いている。編み物やスキーや登山もする。ほかにもいろいろなことができる……。仮に人の目を引く高価なスキー板を持っていれば、誰から見ても私は立派なスキーヤーだろう。だが実際のところ、私はもうほとんどスキーをしない。

今の私にとって、「自分とはこういう人間だ」とか「こういう経歴の持ち主だ」ということを証明するためだけにモノを集めるのは、自分の人生にとって大切なことができなくなる、言うなれば健康や幸せや人とのきずななどに集中できなくなることを意味するのだ。

コートニー・カーバー：病気になって気づいた幸せ

コートニーのシンプルライフへの旅路は、２００６年に多発性硬化症［訳注：脳や脊髄、視神経などに炎症が起き、視覚や運動機能などに障害が表れる病気］と診断されたことにはじまる。コートニーは当時を振り返って次のように語った。

「あまりにショックで言葉も出なかったわ。でもとにかく、これからどうやってこの病気と付き合っていけばいいのか考えなければならなかった。そこでまずは食生活を見直して、次にお金の使い方を見直したの。つべこべ言っている暇はなかったわ。病気のせいで前に進むしかなかったし、これまでの生活を見直さざるをえなかった。次の一歩に踏み出すのに5年も待つ時間的な余裕が私にはなかったの。この世に確かなことなんて何もないということに私が気づけたのは病気のおかげね。診断を受けるまで、自分がどんどん進行していく可能性のある病気と一生付き合っていかなければならないなんて、一度だって考えたことはなかったもの。どうしてこんな病気になったのかしらって考え出すと、いつもこう思うの。ああ、あれが私の体の、私の生活に対するSOSの出し方だったんだなって」

結果的にコートニーはライフスタイルを変えることになったが、深刻な病気を抱えながらも、これまでにない幸せを感じているという。彼女は今、シンプルライフがもたらしてくれる時間とエネルギーに感謝し、この2つを十分に活用して人間関係を育んだり、自分の好きなことに打ち込んだりしている。そしてなんと、この3年間、多発性硬化症の症状が出ていないのだという！　彼女は衰弱性の疾患や障害を抱える他の多くの人たちと同様、自分の病をこれまでと同じくらい、もしくはこれまで以上に幸せな生活を築くことで受け入れてきたのだ。

この点については、1978年に心理学者のフィリップ・ブリックマンが行った幸福度についての研究が広く引き合いに出されている。この研究の中でブリックマンは、最近事故に遭って体が麻痺してしまった人たちと、最近宝くじに当たった人たちを集め、2つのグループの比較調査を行った。それぞれの出来事の直後の幸福度は、宝くじに当たった人たちのほうが、事故の被害者たちより明らかに高かったのだが、調査を続けるうちに予想もしていなかったことが起きた。なんと、宝くじに当たった人たちの幸福を感じる基準が、宝くじに当たる前と同じところまで戻ったのに対し、事故の被害者たちの幸福の基準は、事故に遭う前よりわずかに低くなったのだ。

この研究結果は、ポール・マーティンの自伝『1本足の栄光――ある片足アスリートの半生』でも証明されている。自動車事故で片足を失い、5週間の病院生活を余儀なくされたマーティンは、ついに退院の日を迎えたとき、こう胸に誓ったという。「家に帰るということは、信じるという挑戦のはじまりだった。こんな自分でもちゃんと1人の人間として、この世界に何かしら良い変化を起こせるんだ、絶対にまわりの役に立つことができるんだ――そう自分に言い聞かせた。だから僕はありのままの自分を受け入れて、どんな苦境の中にも光を見出すというのはこういうことなんだよ、ということを自分が手本となって示して、出会った人たちに希望を与えているんだ」

まるで、困難が私たちの一番良いところを引き出してくれているように思える話だ。コートニーはその点に関して、こんなふうに説明した。「診断を受けた直後は、それこそ気がおかしくなるくらい不安になったわ。ある意味、診断そのものより恐怖心のほうが厄介だった。だって、どれだけ考えても自分がこれからどうなるのかわからないんですもの。でも、自分のノルマを減らしたおかげで、私はもっと今に集中できるようになった。自分の行動を振り返ってひと休みするなんて、病気になるまでしたことがなかったけど、必要とあらば昼寝だってしたわ」

昼寝のない生活など私には考えられない。どんなに忙しくても、私は昼寝だけは欠かしたことがない。コートニーの発言に思わず目を丸くした私を見て、彼女は笑いながらこう続けた。「昼寝の習慣をつけるのもひと苦労だったのよ。それまで四六時中忙しく動きまわるのが当たり前だったから。それからヨガも日課に取り入れて、さらにスローな生活に切り替えていったの」

生活をスローダウンさせていくのと並行して、コートニーが次に立ち向かわなければならなかったのは借金だった。「多発性硬化症と診断されたのが2006年。その頃から私は、デイヴ・ラムジーのラジオ番組を聴きはじめたの。悲惨な状況下にありながら、それでも数年で借金を完済した人たちの話には本当に励まされたわ。それで気づいたの。あの人たちにできたのなら、私にだって絶対できるはずだって」

当時、コートニー夫妻には多額の借金があった。自動車ローン、奨学金、それからふだん使いの2枚のクレジットカードに加えて、メイシーズやGAPといったショップ限定のクレジットカードの借金もあったという。「自分では賢く買い物できているし、節約だってかなりしているつもりだった。だから、どうしてギリギリの生活をしているのかよくわからなかった。クレジットカードの限度額だって超えていなかったし。でも、20ドルとか50ドルの買い物をクレジットカードを7枚も使ってやっていれば、すごい金額になるのも無理ないわよね」

しかし4年後の2010年夏、コートニーはついに自分が作った最後の借金を返済した。今、夫婦に残っているのは家のローンだけだ。それも、家の売却を考えているそうなので、あとちょっとのことだろう。「広さからして、今の家は私たちには十分すぎるわ。でも、2005年に購入するときには190㎡も必要ないなんて、これっぽっちも思わなかった。今ではまったく使わない部屋もいくつかあるというのに」

それらの部屋が空っぽになって使われなくなったのは数年前のことだ。それまではモノがたくさん置いてあり、いくらきれい好きなコートニーが手をかけようとも、モノを見つけるのはひと苦労だった。つまるところ、モノが多すぎたのだ。「生活をシンプルにしていくうちに、あれ、こんなにクローゼットって広かったっけ？　と開くたびに思うようになったわ」とコートニーは付け加えた。そして2010年1月、彼女はあるプロジェクトに心を動かされ、チャレンジしはじめる。それが「プロジェクト333」だった。

もし、あなたが膨大な数の洋服や装飾品などをどうにかしたいと思っているなら、この「プロジェクト333」は最初の一歩にもってこいのチャレンジだ。コートニーのワードローブスリム化計画は個人的な挑戦であるとともに、ブログの読者へも参加を呼びかけるかたちでスタートした。「プロジェクト333」とは、ふだん着るものや身につけるものを33個にしぼり、3カ月間それを着まわして生活するというものだ。コートニーはこのチャレンジで、溢れた衣類をすべて箱に詰め、ガレージに押し込むかチャリティに寄付するかした。

3カ月が過ぎたら、その間に身につけていた衣類やアクセサリーから必要なものだけをピックアップし、新たに必要なものを足して、次の3カ月間のワードローブを組む。いらなくなった衣類はチャリティに寄付する。このプロジェクトでは、「100個チャレンジ」と同じく、自分なりにルールをアレンジしてもかまわない。基本的に33個にカウントされるアイテムは、コート類を含む衣類、アクセサリー、ジュエリー、靴など。逆に、結婚指輪など常に身につけているジュエリー類や下着、靴下、トレーニングウェアなどはカウントする必要はない。

コートニーはこう語る。「それでも、まだモノが多いって思うくらい。まだまだ手放せるモノはいっぱいあるわ。引っ越すことになったら何を持っていくか、家族でずっと話し合っているのだけど、私には持っていきたいモノがそれほどないの。モノを手放せば手放すだけ、モノを欲しがる気持ちが薄れていくのよ。ひと晩ですっかり片づけてしまうような人もいるけど、私はその例には当てはまらないわ」。そう、ダウンサイジングは小さな一歩の積み重ねで、時間を要するものなのだ。もし、あなたが一気にモノを手放すのに成功したら、それはきっと三日坊主で終わってしまうだろう。

私は、コートニーと一緒に暮らしている家族が、モノをあまり持たないという彼女の試みをどんなふうに思っているのか尋ねた。「私が今に至るまでずっと忘れないようにしてきたのは、これは自分の心の持ち方を大きく変えることなんだということ。だから夫には、私と同じことをしろとは言えないわ。今の私にとって重要なのは、私たちが将来に関して同じビジョンを持っているということ。夫も私も死ぬまでローンや借金に追いまわされたり、あくせく働いたりはしたくないの」

そうは言っても、コートニーのダウンサイジングは、家族みんなの習慣に影響を与えている。たとえば借金を完済しモノを手放すにつれ、コートニーは買い物をあまりしなくなり、そうなるとあまりモノを欲しいとも思わなくなった。そんな彼女の影響で、娘もいつの間にかあまりモノを買わなくなったという。そして、娘が何か欲しいと言ったときには、そのお金が予算に組み込まれる。コートニーは娘の将来について、次のように語った。

「娘には、お金は計画的に使うことが大切だとわかってほしいの。大学生になっても、あの子がクレジットカードを持たないことを願うわ。私の場合、それがそもそものはじまりだったから。たぶん、私と同じような人が多いんじゃないかしら。カードを手にするところ思ってしまうの――20ドルくらい大したことないじゃないって。でも気づいたときにはもう遅くて、支払わなくてはいけない借金だらけになっているのよ」

「つまり、モノをあまり持たない暮らしへの挑戦の1つひとつが、あなたを前よりも幸せにしてくれたってこと?」と私は尋ねた。

「私はもちろんのこと、家族も幸せにしてくれたわ。生活をシンプルにする前、私の肩には大きな負担がのしかかっていた。退職後もいい生活がしたかったから、いつも老後やお金のことばかり心配していたの。でも今は、これまでとはまったく違う未来を思い描いているわ。このスローな生活が前より幸せだって思えるし、分刻みのスケジュールで動きたいとはもう思わない。昔の私はみんなと同じように見せるのに必死で、本当に大切なことを見失っていた。だから今は毎日、忘れていた自分を取り戻しているところ」

最後にコートニーはこう語った。「以前の私は、モノを買えば幸せになれると思っていて、よく大きなセールを見計らっては、ここぞとばかりに〝獲物〟を持ち帰っていたわ。でも2、3日もすると、高揚感は消え去ってしまう。今ではもうモノを手に入れることにワクワクもしないし、どうしてこんなモノを買ってしまったんだろうって、あとで後悔することもない。今はショッピングモールに行く代わりに、外に出てハイキングをしたりしているわ」

多発性硬化症、借金、そして山ほどのモノにもめげず、コートニーは毎日小さな歩みを絶やさなかった。そして今のような、以前より幸せで健康的な生活と、自分が本当に望んでいることの明確なビジョンを手に入れたのだ。

ダイヤモンドがもたらす安心感

2010年11月、私はついにダイヤの婚約指輪と結婚指輪を売る決心をした。第2章で話したとおり、その頃にはもう、私はそれを身につけもしなければ、必要ともしなくなっていて、その指輪を見て思い出すのは、モノに支配されていた〝昔のタミー〟だけになっていた。けれども、私はすぐには指輪を売ろうとはしなかった。何カ月も宝石箱の中に置いたまま、自分の決断を実行に移せずにいた。そんなある日、友人のミシェルと行きつけのバーで飲んでいたら、こう質問された。「タミー、あなたが指輪を売れない本当の理由は何？」

結局、それは自分のなまけ心のせいだ、と私は話した。納得のいく金額で引き取ってくれるお店を苦労して探しまわるのを考えれば、宝石箱に眠らせておいたほうがずっと楽だった。それでもやっぱり、指輪は手放すべきだというのは頭ではちゃんとわかっていた。「それなら、私の彼のアンドリューに頼んでみたら？」とミシェルが持ちかけた。「私も、彼にいくつか宝石を売ってもらったことがあるし、地元で顔が利くお店も何軒かあるから。買取価格の10％を渡してあげてくれればいいわ」

「ミシェル、それはいいアイデアね！　ローガンにも相談して意見を聞いてみるわ」

このことをローガンに話すと、彼も賛成してくれた。ローガンはアンドリューと仲が良かったので、友だちの役に立てるのがうれしそうだった。そして、彼はこう打ち明けた。「君に指輪を売る気がないのはわかっていたよ。もうかれこれ8カ月も売るのをしぶっているから、こっそり売るのも気が引けてたんだ。それに、そんなことをしたら恨まれるんじゃないかって思ってたんだ」

「恨んだりなんかしないわよ。指輪は私にとってもう大切なものではないの。わざわざそんなもので、まわりの人に私たちの固いきずなをアピールしたいとも思わないし。でも、自分ひとりではいつまでたっても指輪を売ろうとはしなかったかも……。私って面倒くさがりだから、あちこちお店を訪ね歩くのも億劫で。この手があったのに、どうしてもっと早く思いつかなかったのかしら」

そのあとで気づいたのだが、私が重い腰をなかなか上げられなかったのは、なまけ心のせいなどではなかった。原因は、売ることへの反発心だった。基本的にお金を出して買ったモノは、簡単には手放したくないものだ。研究結果からも、失いたくないと思う気持ちは、欲しいと思う気持ちより2倍も強いことがわかっている。

ジャーナリストのジョナ・レーラーは『一流のプロは「感情脳」で決断する』の中で、こんなふうに述べている。「失うことへの反発心は今日、強い思考習慣として認識されており、さまざまなかたちで表面化している。失う可能性のあることは何であれしたくないという欲求が私たちの行動を形成し、そのせいで私たちはバカげた行動に出てしまうのだ」。そうそう、だから誰かさんみたいに、身につけもしないダイヤの指輪を引き出しの奥に1年近くも眠らせておいたりするのだ。

しかしアンドリューの努力もむなしく、実はこれを書いている今もダイヤの指輪はまだ私の手もとにある。結局、なかなか望む金額で買い取ってくれるお店が見つからなくて、だからといってほかの選択肢は魅力的に思えないのだ。買取専門の業者に依頼することもできるけれど、たいていの場合、仲介料をがっぽり取られてしまう。中古品として売れば、婚約指輪と結婚指輪の2つでせいぜい200ドルくらいだろう。あるときなどは、査定に持っていくと「買い取れるのは金の部分だけで、ダイヤは返すことになると思う」と言われた。

ダイヤモンドは時とともに価値が落ちていくものだから、常識から考えて、2つの指輪に支払った4000ドル全額を取り戻せるとは思っていない。ダイヤで誓った愛は永遠かもしれないが、モノとしての価値はそうはいかない。けれども、200ドル以上の価値を感じてくれる人がいるかもしれないと、私はまだ希望を捨てずにいる。いつでも指輪を手放せる心の準備はできているが、それでほぼ全額がパーになってしまうのかと思うと、まだ売りたくないと思う自分がいる。

そこで私はブログで、「私と同じように、これ以上持っていても仕方がないのになかなか手放せないモノがある、またはあったという人はぜひ教えて」と読者に呼びかけてみた。すると、たくさんの興味深いコメントが寄せられた。その中には、たとえば次のような2つの意見もあった。

「私たちは、あえてあまりモノを持たないようにしているので、結婚するときも指輪は2人にとって絶対になくてはならないものなのか、何度も話し合いました。そんなとき、骨董市で小さいけれどとってもきれいな婚約指輪を見つけたんです。値段も手頃で、なんと言っても前の持ち主の指輪にまつわるエピソードに心を大きく動かされました。モノを手放すのは素晴らしいことです。でも、ときには自分が欲するモノにも目を向けて、お財布や自分の価値観、置かれている状況などを考慮したうえで、それを手に入れる方法がないかを考えてみるのも大切だと思います」

「必要のないモノや結局一度も使っていないモノのために、自分がどれだけお金をつぎ込んできたかを考えると、吐き気がしてきちゃった。だから今、そんなモノたちとにらめっこして、どうにかこれは使える、買って良かったと思えるようにがんばっているところ。あー、でも本当にイライラしてくる！　どれもこれも見ているだけで、自分のお金との付き合い方や金銭感覚のなさを突きつけられるものばかり。モノ自体に罪はないの。許せないのは、そもそも余裕がないのにそれでも買ってしまった自分自身。モノを手放す作業って、言ってみれば自分を見つめ直す作業なんだなってことがわかったわ。ダウンサイジングをはじめて見えてきたこれまでの自分の姿には、ほんとびっくりさせられっぱなしよ」

エール大学とニューハンプシャー大学の研究者チームは、『Journal of Experimental Social Psychology（実験社会心理学研究）』誌に、モノと安心感に関する興味深い研究結果を発表している。まず研究者たちは、私たちがモノに価値を見出すのは「モノを持つことでより大きな安心感が得られるから」だとする仮説を立てた。もしその仮説が正しければ、「安心感が大きければモノに対する思い入れは弱まるはず」だ。そこで実験では、毛布やペンなどの特定のアイテムに対して、参加者がどの程度、金銭的価値を感じているかが調査された。その結果、自分がまわりから愛され受け入れられていると感じている人ほど、自分の持ち物に対する金銭的価値を低く見積もっていることが明らかになった。

研究報告の最後は、こう締めくくられている。「この研究結果は、なぜ人は使い道のなくなったものでも手もとに置いておきたがるのかということと密接な関連性があると言える。さらには恐らく、家族間でモノをめぐるトラブルが頻繁に起こる理由、たとえば財産なら、なぜ当然のように自分のものだと感じてしまうのか、もしくは、なぜすでに分与されているにもかかわらずトラブルになってしまうのかという点とも、深い関連性があると言えるだろう。つまり、人がモノを手放せないのはなまけ心のせいなどではなく、安心感や満足感を得られるからなのだ」。私はこれまでの経験上、本当にそのとおりだと思う。なぜなら、かつての私はモノを買ってはホッとして、自分に対するやりきれない思いをどうにかまぎらわせていたのだから。

スモール・アクション

・モノの管理にかけている時間を計算する

あなたは毎日の生活で、どれくらいの時間をモノを手に入れたり管理したりするのに捧げているだろう？　一度、計算してみよう。家の掃除にはどれくらいかかっている？　車、庭、電化製品の手入れやメンテナンスはどう？　たとえば洋服なら、整理したり洗濯したりアイロンをかけたりするのに、全部でどれくらいの時間を割いているだろう？　計算したら、次にどんなところでなら時間を削れそうか――毎日の負担を減らせそうか――を考えてみよう。

・使う頻度を考える

モノを仕分けていくときには、自分にこう問いかけてみてほしい。「私にとってこれはなくては困るもの？」「これは毎日使うもの？　毎週使うもの？　それとも月に1回くらいしか使わないもの？」「わざわざ手もとに置いておかなくても、シェアリングでどうにかならない？」

・**目的別にモノを仕分ける**

モノを仕分けるときは、目的別に分けていこう。たとえば「チャリティ行き」「ゴミ箱行き」というように。「考え中」という選択肢があってもいい。手もとにそのまま残しておくモノがあってもいい、ということを忘れないでほしい。ローガンは、小さな我が家の床下に自転車用の道具をしまっている。あれもこれも手放さないと……と思う必要はない。でも、自分にとって何が必要で何がそうでないかを知るのは大切だ。それがわかるのは、あなただけなのだから。

・**具体的な手放し方を考える**

仕分けがすんだら、いよいよそれらをどうやって手放せばいいのか考えよう。チャリティに寄付するも良し、オークションサイトやバザーを通じて売るも良し。具体的な方法を考えよう。

・**捨てるしかなくても落ち込まない**

悲しいけれど、捨てるしかないモノもきっと出てくる。私も、まだ使えるワードローブや家具はがんばって手を加えて寄付したが、虫食いのあるモノはそうはいかず、そのままゴミ箱行きになった。ラッキーなことにほとんどのモノは無事だったけれど。

・パートナーとじっくり話し合う

ローガンと私は、この章で紹介した非常食をはじめ、モノをめぐって数え切れないほどのケンカを繰り返してきた。何を残し何を捨てるかについて、私たちの意見がいつも一致するとは限らなかった。それでも、私たちはこれでもかというほど話し合うことで、お互いの違いを認め、歩み寄り、今でも順調にダウンサイジングを続けられている。もし、あなたがパートナーと一緒に住んでいるなら、残しておくモノと手放すモノについて、意見のズレが出てくるのは避けられない。けれども、それで当たり前だということを忘れないでほしい。大切なのは、一緒に問題をじっくり話し合うこと。いつでも相手の話に耳を傾けられるようにしておこう。

・「プロジェクト333」にチャレンジしてみる

もしあなたがワードローブをどうにかしたいと思っているなら、この「プロジェクト333」がはじめの一歩にぴったりだ。このプロジェクトは、本章で紹介したとおり、ふだん着るものや身につけるものを33個にしぼり、3カ月間それを着まわして生活するというもの。楽しみながら取り組めるチャレンジだし、「本当にこんなにたくさん洋服はいるの?」という疑問が湧いてくるはずだ。

・心が喜ぶことをしてあげる

自分の生活の中で、もう少し充実させたいと思っている分野を思いつくままに挙げてみよう。生活をシンプルにするのと並行して、セルフケア、つまり何をすれば心がもっと満たされるかに目を向けていこう。これまでモノで満たしていた生活を、これからは心が喜ぶことで満たしていくのだ。たとえばコートニー・カーバーの場合なら、ひょっとするとそれは昼寝や健康的な食事を指すのかもしれない。これまで時間があったらやりたいと思っていたことを実践していこう。

第6章　小さな家の喜び

キッチンとベッドルーム。この2つがあれば、ほかには何もいらないはず。
――ジュリア・チャイルド（アメリカの料理研究家）

ワークショップはなごやかな雰囲気で、土曜の早朝からスタートした。ローガンと私は、その前にスタンプタウン・コーヒーでたっぷりコーヒーを飲んで気合いを入れた。前日、車を飛ばしてはるばるポートランドにやって来たばかりだったので、2人ともまだ眠く、体が重かったのだ。このワークショップへ参加したのは2009年6月で、当時、私たちはまだサクラメントに住んでいた。直前になって、私の心臓はドキドキし、体はソワソワと落ち着かなくなった。これから、あのディー・ウィリアムスに会うのだ。私にとってはまさに一大事だった。

2007年12月、タイニーハウスの建て方を紹介したディーのビデオを見たあの日から、私たちの人生は大きく変わりはじめた。それからというもの、ローガンと私は将来の目標を書き出し、その中の1つには「タイニーハウスを買うか建てるかする」ということも含まれていた。私たちにとって持ち運びのできるタイニーハウスが、シンプルライフの究極のかたちだった。

コーヒーショップを出て、ワークショップの開催される場所に車を走らせながら、私はいろいろなことに思いをめぐらせた。建てるための資金はどうしよう？　ディーは私たちを気に入ってくれるかしら……？

目的地に着いて車を降りると、ディーは私とローガンにすぐに気がつき、跳ねるように駆け寄ってきて私たちを出迎えてくれた。そしてにっこり微笑むと、私たちをぎゅっと抱きしめた。笑うとできる口もとのしわが、ディーの人柄の良さをさらに際立たせた。

ディーは私たちをケイティ・アンダーソンに紹介した。ケイティは、才能豊かな仕上げ作業を行う職人で、このワークショップのもう1人のインストラクターだった。続いて私たちは、ディーのタイニーハウスの中を見せてもらった。その住まいはわずか8㎡、つまり4畳ちょっとの広さにもかかわらず、びっくりするほど広々と感じられた。開放的なロフトと3mの天井、たくさんの窓、それにとっても素敵な天窓が、空間を広く見せていた。そのまま日が暮れるまでディーの小さな家を眺めていられそうだったが、ワークショップの時間がやって来て、実際に自分たちの家の建て方を学ぶことになった。

時間がたつにつれ、太陽がジリジリと背中を射し、額からは汗がポトポトと流れ落ちた。

でも、ワークショップは本当に楽しかった。他の参加者たちも、みんな心から楽しんでいた。そして何より、自分たちの力では家を建てられないことがわかった。私たちがこのワークショップに参加した理由の1つは、自分たちに家を建てる能力や素質があるかどうかを見極めるためだった。不器用な私にとって、建築工程はちんぷんかんぷんだった。やっぱり私は、トンカチではなくペンを握っているほうが合っている。サクラメントへ戻る車中、私とローガンはワークショップを振り返り、自分たちの家の設計と建築はディーとケイティに任せようという意見で一致した。

　ワークショップの直後、私はブログに載せるためにディーにインタビューを行った。シンプルな暮らしと幸せの関係について、ディーはこんなふうに語った。「前より家は小さくなったけど、そのおかげで欲しいモノと必要なモノとの違いがはっきりわかるようになったわ。つまり、小さな家での暮らしは、ある種の満足感と生活に対する気づきをもたらしてくれるの。言ってみれば、それは〝ああ、そうだったのか〟という気持ち。これは、心から生活を楽しむには大きな家もたくさんのモノも本当は必要ないんだ、と気づいたときに感じるものなの」

　さらにディーは、自分の暮らしをこう説明した。「私には素晴らしいご近所さんもいるし、素敵な庭もある。数ブロック歩けばスーパーもあるし、夕暮れになればコウモリ、丘を下ればピュジェット湾でサギやクジラを見ることもできる。屋根を濡らす雨、ひさしを通り抜ける風、庭に咲くひまわり……。そんなものの1つひとつが、私の生活を信じられないくらい豊かにしてくれている。そんなすべてのもののおかげで、私は思わず叫びたくなるくらい幸せよ」

ディーの話を聞いて私の胸に浮かんできたのは、父方の祖父母の暮らしだった。2人は「ホッとできて安心する家は、必ずしも豪華だったり広かったりする必要はない」という信念の持ち主だった。

15坪の幸せ

あなたは、どれくらいの広さの家に住めれば幸せ？　1950年代、アメリカの一般家庭の家の広さは約90㎡だった。それが1970年までに130㎡に拡大し、2004年までには210㎡以上に膨れ上がった。広いスペース自体は、なにも悪いことではない。けれども広ければ広い分、お金がかかるのも事実だ。アメリカ人が昔から抱く「広ければ広いほどいい」という考え方と、住宅購入者に対する低金利かつ税控除という条件が、人々に「もう少しお金を出して、もっと大きな家を建てるか買うかしよう」という気を起こさせてきたのだ。

だが、父方の祖父母は違った。あるとき、家を建てた場合を想定して、ローン金利から固定資産税、保険、光熱費、維持費に至るまでを計算してみたら、「自分たちの幸せのためには現金だけで生活していくのがベストだ」ということに2人は気づいた。そのためには、自分たちで小さな家を建てるしかなかった。広いスペースやその広さを満たすモノのために、朝から晩まで働き続けるのは祖父と祖母の望むところではなかった。

祖父も祖母も農村に生まれ、大家族の中で育ったので、限られたモノでの暮らしは体に染みついていた。１９５０年代、まだ父が幼かった頃に、2人は55㎡、つまり15坪ほどの小さな家を建てた。６×９ｍのその家が建てられたのは、バークレー北東の町プレザントヒルで、２人はその土地を６００ドルで買った。土地も家も、すべて現金で支払った。

父は当時をこう振り返る。「リユース、リサイクルなど当たり前だった。要するに、リサイクルが流行《はや》る前から2人は実践していたんだ。港で肉体労働をしていたおじいちゃんは、小さな我が家に置くモノのほとんどをオークランドの波止場から拾い集めてきた。壁や天井には朽ち果てた木のドアを、枠組みや角材には軍が使っていた丈夫な木製のロッカーを再利用した。おじいちゃんは、ほかにもいろいろなモノを見つけてきては利用していたんだよ」

4年がかりで基礎ができたその家は、家族が引っ越したときにはまだ屋根さえついていなかった。祖母が入退院を繰り返していたので、家の完成にはかなりの時間がかかり、入院費もかさんで建設資金は減る一方だった。

父はそのとき12歳で、ベッドに入って見上げると星空が見えたんだ、と振り返った。父は完成途中の家に住むのをなんとも思っていなかった。なんでも、その頃のプレザントヒルは、「のんびりとした静かなところで、どの家もみんな10坪くらい」だったそうだ。

少年だった父は、オークランドからウォールナットクリークまでの5キロの道のりを自転車でよく走っており、あたり一面はすべて農園だったという。「当時、ウォールナットクリークの町には通りが1本しかなかった。毎日のように、くるみ《ウォールナット》農園で友だちとタッチ・フットボールをして遊んだものだ。今の子どもたちは、とてもそんなことはできないだろうね。隙間なく建物が並んでいるんだから。でも、そのうち復員兵援護法［訳注：第二次世界大戦に従軍したアメリカの退役軍人たちを国家として経済的に援護する法律］の適用を受けた人たちが郊外に移住してくるようになって、町は姿を変えはじめたんだ」

時とともに、町はどんどん変わっていった。毎年農園は減り続け、代わりにスーパーやもっと大きな家々が立ち並ぶようになった。不動産価格が上昇するにつれ、近所の人たちの多くが土地や家を売り払った。あっという間に、その一画にある小さな家は祖父母たちのものだけになった。ぽつんと取り残されたその家は、4倍の広さの家々の海に飲み込まれそうだった。しかし、祖父母たちはその小さな住まいを愛し、その暮らしに満足していた。家は小さかったけれど、窮屈だとは感じなかった。「家族みんなが幸せで満ち足りていた。家の大きさなんてどうでもよかった」と父は言う。

祖父母は私に、小さな家で暮らすのは自分に我慢を強いることではないと教えてくれた。

むしろ、それは時間と自由、それに夢を追いかけるための資金を与えてくれるものだ。いろいろな面で、私は今に至るまで祖父母の暮らしを手本にしてきた。私は2人のおかげで、シンプルな暮らしは修行などではないことに気づくことができた。小さな家での暮らしとは、自分を成長させるための革命なのだ。

アンドリュー・オドム：タイニー・レ（エ）ボリューション

アンドリュー・オドムは、「Tiny r(E)volution（タイニー・レ（エ）ボリューション）」というブログの運営者だ。33歳のアンドリューは、タイニーハウスと農作業とシンプルライフをこよなく愛している。アンドリューは言う。「僕たち家族は、自分たちのことをミニマリスト、ホームステッダー［訳注：近代的な都会生活に飽き足らなくなって、半自給自足の自然生活への回帰を目指す（これをホームステディングと言う）人たちの総称］、タイニーハウス信者だなんて思っていない。僕たちはどこにでもいるごくふつうの家族で、たまたまそんなふうに呼ばれる暮らし方が自分たちに合っているというだけさ」

アンドリューと妻のクリスタルはつい先日、パパとママになった。2011年半ば、私はそんな2人にタイニーハウスでの暮らしについていろいろと話を聞かせてもらった。アンドリューはまず、2人の生い立ちから話しはじめた。「クリスタルも僕も、モノには苦労して育ったんだ。僕には5人も兄弟がいたし、クリスタルにも3人いた。僕はバージニ

ア で育ち、クリスタルはノースカロライナで育った。どちらの両親も、子どもたちに必要なモノを買ってやるために朝から晩まで働いていた。僕たち5人兄弟は、ベッドルームが3つの30坪の家で育った。僕の部屋は狭くて、2段ベッドを置いたらもうスペースはなかった。消防士だった父の年収は3500ドルくらい。クリスタルの両親は、タバコ農園で働いていた。仕事がない時期には別の仕事を探して、雇ってくれるならどんなものでも引き受けたそうだ」

そんな家庭に育った2人は南部を出る決心をし、故郷から遠く離れた大学に進学した。「僕が行き着いた先はボストンで、クリスタルはマイアミだった。その地で僕たちはごくふつうの学生生活を送って、2人とも大学を出たら結婚して、マイホームを建てて、そのうち親になるんだろうな、と思っていた。僕たちはまだ出会っていなかったけど、似たような道を歩んでいたんだ」

そうしてついに2人は出会い、行動を共にするようになった。「2人とも世界的に大きなキリスト教会の1つで宣教師として活動していて、世界各地を旅してまわっていた。僕たちは旅をするのに夢中で、6年間で27カ国を回った。そこでいろいろなことを目の当たりにしたよ」とアンドリューは振り返る。

その活動を終えると、2人はそれぞれ別の地に落ち着き、アンドリューはインターネット関係の仕事をはじめた。「僕がやりたかったのは新規ビジネスの立ち上げで、実際に仕事はものすごくおもしろかった。そのとき立ち上げたビジネスが、やがて『スカイプ（Skype）』［訳注：無料のインターネット通話］になった。あのときはじめて、僕は自由とお金の感覚を味わったんだ。自由とお金――それこそ、僕が求めていたものだった」

しかし不運にも、アンドリューは仕事を失ってしまう。ある日、ふさいだ気持ちをどうにかしようと、彼は大学主催のサッカーの試合に参加した。「そこで出会ったあるヤツがきっかけで、僕はクレジットカードの世界に足を踏み入れてしまった。そいつは仕事のない僕に、５０００ドルを貸してくれたんだ。その金で僕はみんなを食事に連れていったり、買い物をしたり、ドライブに行ったりするようになった。なんとかやっていかなければという気が薄れて、代わりにどんどんカードに頼るようになっていった……」

そのあとようやく仕事を見つけたアンドリューは、ニューヨークのブルックリンに移り住んだ。「そこである黒人のおじいさんと仲良くなったんだ。おじいさんはトマトをバケツで育てていて、アラバマ出身だった。僕にはそのトマトが、ただのトマトには思えなかった。その中に、何かもっと大きなものを感じたんだ。それはつまり、彼の故郷だった。育てるのは何でも良かったんだと思う。それが彼にとっては、故郷とのつながりだったんだ」。これをきっかけに、アンドリューの興味は違う方向に向きはじめた。自分の手で何かを育てたり、家を建てたりしてみたいと思うようになったのだ。

しかし、ブルックリンでの仕事もまた思うようにいかなくなった。そんなときにアンドリューは、「フェイスブック（Facebook）という名の魔法で、クリスタルと再会」した。クリスタルは当時、フロリダでホテルの支配人として働いていて、2人はすぐに意気投合した。だが、クリスタルにはアンドリューがかなりまいっているように見えた。アンドリューは当時の心境をこう語る。「クリスタルと話してみて、自分がもう一度自由を感じたいと思っていることに気がついたんだ。高校を卒業してから、僕はずっと走り続けていたから。僕は自由になりたかったのに、気づけばモノと借金の奴隷になっていた」

そこで2人は南部に戻る決心をし、めでたく結婚した。2人は一時的に、アンドリューの実家に身を寄せることになった。アンドリューの両親は家を新築したばかりで、広さは100坪もあった。「大きな家を建てるのは、両親の長年の夢でもあったんだ。けれども、それと引き換えにほかの夢を犠牲にしなければならなかった。家のローンという足かせもできた。それを見て、僕は自分にこう問いかけたんだ。一生、家のローンを背負って生きることになってもいいのかって」。そうアンドリューは振り返った。

アンドリューが言うには、ここからが彼の人生の「本当のはじまり」で、自分の進むべき道がそのときはっきり見えたという。まず彼が目をつけたのは、両親の家の敷地にある小さな家庭菜園だった。アンドリューの父はその一画でスイカを育てていたのだが、一度もうまくいった試しがなかった。そんな父に、アンドリューは「俺が絶対にうまくやってみせる」と宣言したそうだ。「家庭菜園の知識などまったくなかったから、インターネットで片っ端から情報を集めた。そうして、その年の夏が終わる頃にはスイカもメロンもマスターしていた。『ほら、だから言っただろ』と父には言ってやったよ。そんなことをする前に、まずは借金を返さなくてはいけないのは自分でもわかっていたんだけどね」

アンドリューとクリスタルは家計を見直し、そこから2人の節約生活がスタートした。そして、このインタビューを行う7カ月前に、2人は借金を完済した。アンドリューは、力を込めてこう語った。「ここまで来るのは並大抵のことではなかったし、手放さないといけないモノもたくさんあった。でも、ここがおもしろいところなんだけど、何ひとつ手放さなかったら良かったと思うモノがないんだ。そういえばあんなモノもあったなって懐かしく思う程度だよ」

借金返済に励む一方で、アンドリューはガーデニングやホームステディングの勉強を続けた。間もなく2人は、自分たちの家が欲しいと思うようになった。そこでアンドリューは不動産屋に話をして、9万8000ドルのかわいらしい小さな家を見つけてもらった。それから2人は、資金はどうしようかと考えはじめた。「銀行は16万ドルを快く融資すると言ってくれたんだけど、それを聞いて僕たちは怖くなった。だからこう言ったんだ。『ありがとうございます。でも、お気持ちだけで結構です』って」

銀行からの融資を断った直後、クリスタルがタイニーハウスの先駆者であるジェイ・シェイファーと、彼の会社タンブルウィード・タイニーハウスの存在を知り、アンドリューに知らせた。アンドリューはそのときのことをこう振り返る。「2人でタンブルウィードのホームページやビデオを見て、2人とも〝これだ!〟って思ったんだ。これなら僕たちにもできると思った。当時は実家に居候《いそうろう》していたから、僕ら専用の部屋はベッドルーム1つだけで、ほかのものは全部シェアしていた。そういう意味で、僕たちは小さなスペースでの生活は経験ずみだったけど、タイニーハウスのコンセプトがなんと言っても魅力的だった」

アンドリューもクリスタルも、揺るぎない信念を持っている。アンドリューは言う。「僕たちはどうかうまくいきますようにと願ったし、言葉の力を信じている。だから2人で『タイニーハウスが建てられたら……』『タイニーハウスに引っ越したら……』とふだんから口にするようにしていた。すると、どんどんポジティブな気持ちになっていった。そしてある晩、タイニーハウスに関して印象に残った言葉やデザインなどをまとめたスクラップブックを作って、僕の両親に自分たちのアイデアを打ち明けたんだ」

最初、アンドリューの両親は2人のアイデアをバカげていると思った。「子どもが欲しくなったらどうするの?」「家に誰か呼びたくなったらどうするの?」「お客さんが来たらどうするの?」両親はそんな質問を浴びせた。アンドリューはそのたびに両親をまっすぐ見据え、こう言った。「でも、もし僕たちが借金を望んでいないとしたら?」すると両親は何も返せなかったそうだ。

アンドリューは両親に、タイニーハウスが自分たちに十分なスペースと旅行をする余裕を与えてくれ、そこに住めば働かなくてもいいのだと説明した。「働かなければ、とは思いたくないいんだ。僕は自分の意志で働きたい。『Tiny r(E)volution（タイニー・レ（エ）ボリューション）』というブログは、そんな思いではじめたんだ」。このブログのタイトルは、アンドリューの考え方、つまり自分の旅路はレボリューション（革命）ではなくエボリューション（進化）なのだということを強調したものだ。「だから、成長とはつまり進化なんだ」とアンドリューは言う。

私には子どもがいないので、子を持つ親たちがどんなふうにしてダウンサイジングに挑み、タイニーハウスで生活しているのかというのは、いつも気になる点だ。これについて、アンドリューは次のように語った。「大変なのは、出産準備と生まれてからの生活に慣れるまでさ。たとえば、我が家に子ども部屋はない。ウチでは、パックンプレイ［訳注：コンパクトなゆりかご］が子ども部屋みたいなものなんだ。それで十分。着替えさせたり寝かしつけたり遊ばせたり、困ることなんて何もないよ。全部1カ所でできるしね」

つい最近、アンドリューはある人に「親になってみて、タイニーハウスになんて住まなければよかったと思ったことはない？」と聞かれたそうだ。それに対し、彼は「全然！」と即答した。「毎朝、一歩外に出れば新鮮な空気が味わえて、赤ん坊にも同じものを味わわせてあげられる。きらめく朝露も見られるし、世界に耳を傾けることもできる。僕をさえぎるものは何もない。これこそ僕が自分の子どもに与えたいものなんだよ。僕たち夫婦は今やっと、娘にとって必要なものを与えられる場所にたどり着いたところなんだ」

アンドリューは続ける。「いろいろなことをじっくり考えてくれるのはクリスタルなんだ。彼女の支えがあるから、僕は具体的なプランを考えることができる。夢を見るのが彼女の役目で、それを実行に移すのが僕の役目。ちょうど今、僕たちは自分たちでタイニーハウスを建てようと計画しているところなんだ。ちなみに、今住んでいるのはクリスタルの兄弟の家の隣にある小さな平屋で、広さは6坪くらい。ここに住むことになったのは、ある日、僕が『この薪小屋を僕らの住まいにできたら素敵だろうね』と言ったのがきっかけだった。それを本当にやってしまったわけさ。この平屋には、水を貯めておく場所もシャワーも、簡易キッチンも書斎も子ども部屋も、それにポーチだってあるんだ」

小さな平屋での暮らしを心から愛し、タイニーハウスの建設を計画中だという2人。「自分たちでも、これからどうなるかはわからない。でも、僕にも多少建築の経験があるし、隣に住んでいる義理の兄弟も小さな船上ハウスの設計と建築に携わっている。完成したところなど想像もつかないけれど、それも冒険の醍醐味というもの。僕たち家族のニーズに合った、世界に1つしかない家を作るつもりだよ」。アンドリューのこの言葉を聞いて、私は思わず微笑んだ。

子育て中の親へアドバイスするとしたら？　という私の質問に、アンドリューはこう答えた。「僕のこれまでの経験から1つアドバイスするとすれば、まわりに流されるな、ということ。子ども部屋がなくてはダメとか、子ども服はGAPでなくてはダメとか、そんな世間の声に耳を貸す必要はない。自分のライフスタイルを踏まえて、自分の意志で決めればいい。大切なのは、家に家族が合わせるのではなくて、家族に合った家に住むこと。僕はそれが何より大事だと信じている」

さらに彼はこう付け加えた。「狭い家のほうが家族のきずなは深まる。たとえばケンカをしても、これだけ家が狭いと話をせざるをえない。『さっきの言葉、傷ついたんだけど』と素直な気持ちを話したり、お互い一歩譲って謝ることで、関係をすぐに修復することができるんだ」

最後に、アンドリューは地域とのつながりの重要性を熱く語った。彼は、自分の子どもを「まわりの人たちとたくさん触れ合わせて」育てたいのだという。「つまりは、譲り合いの精神を学ばせるということ。それを教えるのに、叩いたり厳しく叱ったりする必要はない。なぜなら子どもたちはちゃんと、社会の中で生きるのがどういうことかを自分で理解できるのだから。子どもをしつけるには厳しくするのが一番だと思っている人も多いけど、それは間違いだ。地域に溶け込み、そしてその中に子どもたちを放り込めばいいんだよ」

アンドリューの話からもわかるように、家というものは、そこに住む人の考え方を反映させて形づくるものであって、広さが重要なわけではないのだ。

家って何？

２０１１年8月のことだった。ローガンと私は、自分たちのタイニーハウスを建てている真っ最中で、私はローガンよりひと足先に、その週末をディー・ウィリアムスのいるワシントン州オリンピアで過ごしていた。ローガンは翌日の朝、ウール断熱材を貼る作業に取りかかるまでに駆けつけることになっていた。

その日の午後、私はディーと一緒に小湾沿いの町ギグハーバーに向かい、小さな我が家の床張り作業を手伝った。それを思い出して、私はホッと息をついた。家は温かみがあって、安心できて、居心地が良さそうだった。そのうえディーが自宅に泊めてくれて、いいこと続きの1日だった。私はディーの自宅のベッドに潜り込みながら天窓を打つ雨を眺め、そこから見える隣の家の裏庭に視線を移した。家から漏れる光が、まるでハロウィンのかぼちゃのように、芝生を不思議な色に染めていた。

私は小さな家で暮らせば暮らすほど、タイニーハウスに引っ越すのが待ちきれなくなっていた。でも、「実際に暮らすとなるとどんなものだろう？」と考えずにはいられなかった。私たちは小さな我が家を、自分たちの望みをベストなかたちで叶えてくれるような空間にしたかった。

家って本来、そういうものなんじゃないの？　言ってみればベストな生活への扉、つまり家族や友人と過ごす時間を提供してくれるものなんじゃないの？ディーの家のロフトで横になっていると、家が大きくなくても安心感やぬくもり、心地良さが感じられるのが実感できた。小さな家にいると心が静まり、いろいろなことに耳を傾けられるし、思いをめぐらすこともできる。私とローガンが望むタイニーハウスとは、そこに住めば心と体が休まり、お金からも解放されるような空間だった。

雨を眺めていると、ある記憶がよみがえってきた。現れたのは7歳の頃の自分で、祖母のマーベルのお気に入りの番組がちょうどはじまろうとしている。私はテレビに駆け寄り、小さな手でトントンとテレビの角を叩いた。これはお決まりの儀式だった。アンテナをいじってもたいてい効果がなかったので、祖母か私のどちらかがテレビをトントンしなければならなかったのだ。30秒ほどそうやっていると、砂嵐は消え、画面に流行りのメロドラマが現れるのだった。

祖母はメロドラマを見るのが大好きで、なかでも『アズ・ザ・ワールド・ターンズ』がお気に入りだった。幼い頃の私は、よく祖母と2人で緑のソファに並んで座り、ドラマの展開を見守った。その中でも特に印象に残っている場面がある。それは登場人物の女性が畳について話す場面で、彼女は新しい屋敷に畳をものすごく欲しがっていた。不思議に思った私は、「タタミって何？」と祖母に聞いてみた。祖母は、「畳とは昔から日本の家で使われているもので、藁《わら》を編んで作られたものだよ」と教えてくれた。

ディーのロフトに寝そべってそんなことを思い出していると、私たちがタイニーハウスを建てるのを知って、クスクス笑う祖母の声が聞こえてきそうだった。祖母も生きていたら、『アズ・ザ・ワールド・ターンズ』に出てきたメイドの畳部屋と同じくらいの広さの私たちの家を見て、思わずびっくりしたかもしれない。でも、私にはわかっている。祖母ならきっと、どうして私たちがこんなに小さな家での暮らしを選ぶのかを理解してくれるはずだ。

タイニーハウスでの暮らし

私たちが引っ越すことになりました、とアパートの大家に告げたとき、こんな質問が返ってきた。「どうしてわざわざタイニーハウスなんだい？　一般的なキャンピングカーじゃダメなのかい？」

これと同じことをよく聞かれる。実を言うと、エアストリームなどのキャンピングカーも視野には入れていたが、いくつかの理由から却下した。まず、見た目がどうも好きになれなかった。エアストリームのメタリックな感じが冷たくよそよそしく思えたし、他の一般的なキャンピングカーにしても、プラスチックっぽさが受け入れられなかった。

もう1つの理由は、キャンピングカーが年間を通じて使うようには設計されていないことだった。対照的に、タイニーハウスはふつうの家と同じように設計されていて、ＩＣＣ

（建築国際基準評議会）が定めた建築基準法にのっとって建てられている。また、キャンピングカーとは違ってさまざまな気候の変化にも対応できる。つまり、タイニーハウスは私たちの希望を1つ残らず満たした、快適な動く家なのだ。

家の中には塗装していないパイン材やモミ材を使った戸棚が並び、収納力も抜群。私たちはもう、昔のようにたくさんのモノは持っていなかったが、それでもやはり洋服や本、食器、キャンプ用品、非常食などを閉まっておく場所は必要だ。簡潔に言えば安心、斬新、快適、お手頃。それにトレーラーハウスのように、どこにでも持っていけて超キュート。それが私たちの新しい家だ。

私たちがトレーラーハウスタイプのタイニーハウスにこだわったのは、その気になればどこにでも簡単に移動できるからだ。そんなにあちこちに行く気はなかったが、たとえばポートランドの違う地域に移ろうとか、いつかカリフォルニアに戻ろうということになっても、家ごと移動できる。売れるかどうかなんて気にせず、新しい町に引っ張っていける。

環境のことを考えても、小さな家なら二酸化炭素の排出量をふつうの家と比べて抑えられる。でもそれは、言ってみればおまけのメリットみたいなもので、私たちがタイニーハウスを選んだ最大の理由ではない。とはいえ環境のことは気になるので、建てるときにはリサイクルされたものや繰り返し使えるものを選んだりして、できる限りのことをした。たとえば、壁の断熱材にはウールを使った。これはオレゴンシェパードという、ポートランドから65キロほど北西に行ったところにある会社の商品だ。この地元産のウールの断熱材は、ビニールやファイバーグラスの代わりとして使えるうえに体にも優しく、本当にいいとこだらけだ。

私たちがタイニーハウスへの移住に踏み切った最大の理由は、手頃で、都会で暮らすにはベストな選択肢だと思ったからだ。建築費に関して言えば、諸費用込みで3万3000ドルだった。小さいわりに高くない？　と思われるかもしれないが、長い目で見れば悪くはない。というのも、私たちにとってそれは、アパートの家賃3年分とほぼ同じ金額だったからだ。それに、お金のかからないタイニーハウスでの生活は節約にもなるし、その分寄付もたくさんできる。

では、どれくらいの大きさかと言うと、だいたい広い駐車場1つ分くらい。具体的には間口2・4m、奥行き4・8m、高さ4・1mで、面積で言うと約10㎡、つまり6畳ちょっとのスペースだ。そう聞くとびっくりされるかもしれないが、高い天井とたくさんの窓のおかげで、中は見た目よりはるかに広く感じられる。玄関を開ければ、1歩分ほどのささやかなポーチもある。そして、玄関にあるのぞき窓と、その両脇の2つの窓のおかげで、正面から見るとまるで家全体が私ににっこり微笑んでくれているみたいに見える。

玄関から中に入ると、左手がキッチンで右手がバスルーム。突き当たりには大きな窓と備えつけの小さなソファがある。たいてい、お客さんが真っ先に気づくのは木の香りだ。

それもそのはず、内装には節目の残った塗装されていないパイン材をそのまま使っているのだから。

このソファは、さまざまな使い方ができて重宝している。本を読むにはもってこいだし、下は収納スペースになっている。おまけに、座面を引っ張ればシングルベッドにも早変わり！　さらに、このソファスペースの隣、つまり家の横の部分には観音開きのガラス扉がついていて、これが空間をより広く見せている。

キッチンも、いろいろなモノが収納できるようになっている。たとえばキッチンの突き当たりには、グラスやお皿やこまごましたものを置いておける戸棚がある。キッチンカウンターの下にも、スパイスやコーヒー、紅茶の瓶などを置いておけるスペースがあるし、壁にもナイフやキッチンバサミなどの調理器具を立てておけるマグネット収納がある。こういった見せる収納なら、おしゃれなうえにスペースもうまく活用できる。

料理は、独立型の2つコンロのガステーブル（オリゴ6000）で十分に事足りている。主に船用の小さくてかわいらしい商品で、ガスではなくアルコールタイプなので最低限の換気で安全に使える。特に私が気に入っているのは、竹を使ったキッチンカウンターと小さな丸いシンク。銅を再利用して作られたこのシンクは、キッチンの良いアクセントになっている。

ロフトスペースは、キッチンのちょうど真上にある。暖かくて居心地が良く、小さなタイニーハウスでも快適に寝ることができる。縦の空間をうまく活用できるので、部屋数を増やすのにもひと役買っている。最後はバスルームで、コンポストトイレ［訳注：排せつ物をおが屑などと混ぜ、微生物の力で分解して匂いのない有機肥料にするトイレ］とシャワー室が一体になっている。でも、ローガンはたいてい職場でシャワーを浴びてくるし、私もジムで浴びている。そのほうが手軽だし、それにしょっちゅう掃除をしなくてすむ。

タイニーハウスはスペースを取らないので、都市型住居にぴったりだ。都市の人口密度を増やすという点では、特にアパートに取って代わる素晴らしい選択肢になるだろう。街じゅうの使用されていないスペースが、タイニーハウス専用のコミュニティになる可能性を秘めていると言っても過言ではない。かつて郊外というコミュニティが作られたのだから、もっと手頃で便利なタイニーハウスの町ができても不思議ではない。

今、私たちのタイニーハウスは、ポートランド北部の友人宅の裏庭にある。庭の一部を間借りするかたちで、レンタル料を支払う代わりに水道やゴミ、電気などのサービスを使用させてもらっている。1キロほど歩けばスーパーもあるし、公共交通機関へのアクセスも良く、自転車道も整備されていてポートランド市街にもほど近い。ローガンは職場までの約10キロの道のりを自転車で通勤していて、心からその時間を楽しんでいる。小さな我が家は、私たちのユニークなニーズを完璧に満たしてくれている。この家に住んだおかげで、自分たちが望む住まいとライフスタイルが手に入り、地域にも貢献できている。

シンプルライフやダウンサイジングは、必ずしも小さな家に住むことを言うのではない。それは一種の価値観で、自分にとって本当に大切なことに打ち込めるように幸せを第一に考え、積極的に生活と環境を形づくっていくことを指すのだ。

スモール・アクション

好むと好まざるとにかかわらず、自分の家やアパートが小さくても、窮屈でイヤだなんて思う必要はない。小さな住まいでも開放的で広々とした空間は演出できる。要は、うまく空間を活用しさえすればいいのだ。ローガンも私も、自分たちの家を快適で心地良い空間にするため、さまざまなアクションを起こしてきた。サン・テグジュペリはこんな言葉を残している。「デザインが本当に完成される瞬間とは、加えるものが何もなくなったときではなく、削るものが何もなくなったときである」。そのためのアクションを紹介しよう。

・家での行動を細かく書き出してみる

もし、自分の家が狭くて居心地が悪いと感じているなら、空間の使い方を見直し、必要なら使い方を変えてみよう。あなたが特に長い時間を過ごす部屋はどこで、そこで何をしているだろうか？　1週間、自分がどの部屋を何のために使ったかをできるだけ詳しくメモしていこう。そして、特定のこと（たとえばコーヒーブレイク）をするのにふさわしい「空間」がないと思ったら、これまで別の目的で使っていた部屋をうまく活用して、新たに空間を生み出せないか考えてみよう。反対に、ほとんど使わない部屋や空間があるのがわかったら、きれいに片づけて立ち入り禁止にしてしまおう。私はアパートでこの方法を試してみて、自分がもっと狭いスペースでもやっていけることに気がついた。ひょっとすると、あなたも同じような気持ちになるかもしれない。

・その都度すばやく片づけるクセをつける

タイニーハウスに引っ越して数カ月がたった頃、私はその都度すぐにモノを片づけないと、家の中があっという間に泥棒に入られたようになってしまうことに気づいた。狭くてもきちんと片づいてさえいればリラックスできるけれど、散らかり放題では落ち着かないし、足の踏み場もなくなってしまう。カウンターなどについモノを置きっぱなしにしてしまわないよう気をつけよう。

・モノの置き場所を決める

私が家をきれいに保てているのは、パソコンから電源コード、携帯電話、洋服、本に至るまで、すべてのモノの置き場所を決めているからだ。そうすれば、毎朝カギや携帯電話を探しまわるのに時間を取られなくてすむし、何より私もローガンも、お互い使いたい場所をいつでも使うことができる。何かモノを使ったあとは、元の場所へ戻す習慣をつけることが大切だ。

・多機能アイテムで家の中をすっきりさせる

食器や調理器具はなくては困るものだが、あなたがふだん使っているのはそのうちどれくらいだろうか？　コーヒーカップが何十個とあるなら3個に減らし、お皿なら8枚から4枚に減らすなどしてすっきりさせよう。4人以上は住めないようなアパートに、20枚もお皿が必要だろうか？　また、電化製品や調理器具は、キッチンが散らからないよう多機能の製品を選ぼう。機能的なポットとフライパンが2、3個あれば、まずふだんの生活で困ることはない。私たちはコーヒーメーカーを手放して、代わりにクリーンカンティーンというメーカーのエコボトルを使いはじめた。これならわざわざカップを使わなくてすむし、洗えばウォーターボトルとしても活用できる。

・**縦の空間を生かす**

我が家のキッチンは小さくても収納スペースがたっぷりあり、調理器具はほとんど壁のマグネット収納に立ててあるのでカウンターの上はいつもきれいに片づいている。本章で述べたとおり、マグネット収納を使った見せる収納は、おしゃれだしスペースをうまく活用できる。さらに寝室のロフトをキッチンの真上に持ってきたおかげで、空間を最大限活用できている。

・**創造力を働かせて、コンパクトな収納を心がける**

収納ボックスは絶対に使ってはダメ、というわけではない。クリエイティブで目的意識がはっきりとした解決策のためなら、収納ボックスは空間を効率よく使ううえで役に立つ。たとえば我が家では、ナイフやフォークなどを以前は引き出しにそのまましまっていたが、今はほかのモノとごっちゃにならないよう木製の収納ボックスに入れている。そのほうが衛生的にも良いからだ。空いた引き出しはタオルやナプキン入れとして活用している。

第7章　仕事を見つめ直す

イメージできれば成功する。夢を見られれば実現する。

――ウィリアム・アーサー・ウォード（アメリカの哲学者）

タイニーハウスでの生活は、私に自分の仕事を見つめ直すチャンスを与えてくれた。資産運用の会社で働いていたとき、私は仕事がイヤでたまらなかったが、お金のために辞めるわけにはいかないと思っていた。生活費に消えていくお金があまりに多すぎて、お金にはならないけれどもっと意味のあることを追求するための自由と柔軟性が奪われていた。今、私は使うお金を少なくしたおかげで、以前より充実感のあるキャリアと呼べる仕事を追いかけられているだけでなく、それを自分の天職とまで感じている。このような仕事は、私を真の目的意識で満たしてくれている。これこそ、生活をシンプルにしたからこそ得られた最大の贈り物だ。

クリス・オバーン：編集という仕事と生活

数年前にはじめてクリス・オバーンからメールをもらったときのことをよく覚えている。その少し前に、私は自分のブログで初の著書『Simply Car-Free（車を持たないシンプル生活）』を電子書籍で出版する予定だ、と発表したところで、それを知ったクリスが「タダでいいから編集を任せてもらえないだろうか」と連絡してきたのだ。私はその申し出を承諾した。

けれども、私にはクリスの意図がよくわからなかった。というのも、タダでそんなことをしたがる人がいるなんて思いもしなかったからだ。あとになってわかったのだが、それはクリスにとって編集のスキルを磨くいいチャンスだったのだ。それからというもの、クリスは私のプロジェクトの編集作業をいくつも手がけてくれている。だいたいが、物々交換。私がコーヒーやチョコレートや本を何冊か送る代わりに、クリスが私の電子書籍や、場合によってはブログの内容も編集してくれるのだ。

クリスの人生こそ、どうすればもっと意味のあるビジネスライフを送れるかを考えるにはもってこいの例だ。クリスは生活をダウンサイズしシンプルにするにつれて、自分の働き方を見直しはじめた。そうして彼は毎日、嫌々会社に向かうのではなく、自分でお金を稼ぐ喜びを得ることを第一に考えるようになった。

そこでクリスは起業を決心し、２００９年12月にレッド・ウィロー・デジタル・プレスという、電子書籍を専門に扱う出版社を立ち上げた。ちょうど、私たちが手を組みはじめた頃のことだ。会社の経営は絶好調で、今では一家でその会社を切り盛りしているほどだ。クリスがここまでの成功を収めたのは、持っていたほとんどのモノを売り、自分にとって一番大切なことに集中しようと決めたのがきっかけだった。モノを減らしてお金を切り詰めたおかげで彼は起業に成功し、さらに家族とも以前より一緒に過ごせるようになった。文字どおり、クリスは自分の生活を見事に〝編集〟したのだ。

つい先日、クリスがポートランドに来たとき、ダウンサイジングや幸せについてじっくり話を聞く機会があった。コーヒーを飲みながら、彼はこう語りはじめた。「編集の仕事は僕が何十年間も磨いてきたスキルで、心から楽しんでやっていることなんだ。この仕事を選んだのは自由があるから。仕事は忙しいけど、自分が好きでやっている。それに気兼ねなく仕事を中断して、子どもや孫たちと過ごすこともできるしね。僕はそのために今の仕事を選んだんだ。この仕事のおかげで、自由な時間を持てている」

クリスは長年にわたり化学エンジニアとして働き、そのあと教師の道に転じた。ダウンサイジングは彼に、キャリアを変え、さらにはプライベートを変えるチャンスも与えてくれた。「イヤなことをしていては、自分の幸せを生きられない。9時から5時まで会社に縛られて、人のルールに従ってばかりの以前のような仕事には、僕はきっともう耐えられないと思う。だから、今の仕事をしているんだ。僕にとって自分の幸せを生きるというのは、自分のために働き、思う存分旅行を楽しむこと」。そう語るクリスも、こうすることについては何年間も悩み続けたという。「みんなにいろいろなことを言われて、心が揺れ動いていたんだ。僕は今、最低限のモノであちこち移動しながら生活しているけど、決して何かから逃げているわけではない。新しい人と新しいチャンスに出会うために移動しているんだ。僕にとっての幸せは、できる限り家族と多くの時間を過ごして、あちこち旅してまわることなんだ」

今、クリスはアパートを自宅兼仕事場にして、年に数回移り住んでいる。要するに、クリスは仕事をしながら旅をしているようなもので、オフィスごと新しい場所に移動しているのだ。彼はつい最近再婚したばかりで、前の奥さんとの子どもはみんな成長し、それぞれ自分たちの家庭を築いている。そのうちの何人かは遠く離れて暮らしているので、クリスは定期的に彼らの住まいの近くにアパートを借りて住んでいる。その証拠に、彼はこの数カ月をアリゾナで過ごし、それからはるばるミネソタ州にいる子ども一家に会いにいき、そこで数カ月過ごすのだという。さらにそのあとには、再婚相手のマーラと一緒にアイダホ州モスコーに引っ越すそうだ。

子どもたちが幼い頃、クリスにとって「仕事と家庭との両立」は難しかった。彼は仕事をしながら学校に通い、家に帰ってからも毎晩遅くまで宿題をこなさなければならなかったので、一度たりとも子どもたちと十分な時間を過ごすことができなかった。当時のことを、クリスはこう振り返る。「子どもたちの幼かった頃を思うと、自分と彼ら両方に申し訳ないことをしたなと思う。働いてばかりだったせいで、なかなかそばにいてやれなかった。だからこうやって、今は子どもたちの何人かとは目と鼻の先に住んでいるんだ。そのおかげで昔より深く付き合えてるよ」

子どもたちが大きくなった今、クリスは近くに暮らす子どもたちを編集者やデザイナーとして自分の出版社で雇い、一緒に仕事をしている。みんな働き者でお互いの仕事内容をよく理解できているので、長時間働き詰めなどということにもならない。そんな強力な支えがあってこそ、クリスは自分の幸せを生きていられるのだ。

「子どもたちと仕事をするのはどんな感じ？」と私は尋ねてみた。

クリスはコーヒーをひと口飲むと、こう答えた。「彼らの長所を見つけてどこまでうまくやれるか見る、その繰り返しだね。僕は子どもたちに人生を楽しんでほしいんだ。みんな、僕がどれだけシンプルに生きているか目の当たりにして、自分もそうありたいと思っている。僕と子どもたちの目標は、シンプルに生きて仕事は1日4時間以上しない、ということなんだ。そうすれば、彼らは自分の子どもたちと一緒に過ごす時間をたっぷり取れるし、興味のあることにだって打ち込めるからね」

最後にクリスはこう語った。「ある意味、ビジネスはインテンショナル・コミュニティ［訳注：住人同士が共通の目的を持って築き上げるコミュニティ］みたいなもので、僕らは家族でそれを行っているんだ。僕らは何をするにも合意のもとで行っている。何かを決定する前に必ず、僕は子どもたちに相談するようにしているんだ」

クリスの話からは、シンプルに生きることの素晴らしさが伝わってくる。シンプルに生きることで、好きなことをして生活するための自由、お金、時間を作り出せる。仕事を見つめ直すというのは、もっと賢く仕事をし、自分で自分の時間を管理し、遊びとして仕事を捉え、変化の中にチャンスを見出すことを言うのだ。

ティナの体験談：変化の中にチャンスを見出す

義理の姉妹のティナと夫のタイラーは2人の子どもに恵まれ、カリフォルニア州シカゴの30坪ほどの家、つまり私たちのタイニーハウスの約10倍の広さの家に住んでいる。そのためティナは自分の体験談がこの本の役に立つのか疑っていたが、もちろん大いに役に立つ。突き詰めて考えれば、家の広さなんてどうでもいいのだ。大切なのは、幸せやコミュニティ意識を高めるために自分の選択を見直すことであって、そういう意味でティナは現代人に増えつつある共通のジレンマについて考えるのにもってこいの例なのだ。

ティナの話を聞こう。「おかしいわよね。みんな私にこう言うの。そんな小さな家でよくやっていけるわねって。私、それを聞くといつもあなたの家を思い出して笑っちゃうの。私も夫も、昔は2階建ての立派な家に住みたいと思っていて、プライベートルームやライプラリースペースなど、いろいろな部屋が欲しかった。でもそんな家に住んでいたら、潔癖症の私でも、子どもが2人いるから家をきれいに保っておくのはきっと難しかったでしょうね。今は小さな家が大好き。掃除も楽だしね。実はシカゴ市街のもう少し庭の大きな家に引っ越そうと前から考えているんだけど、家の広さは今と同じにするつもり。この広さが私たちにはぴったりなの」

ティナはシカゴにあるカリフォルニア州立大学で、学校心理学の修士号を取った。大学在籍中からスクールサイコロジストとして3年間活動し、卒業後はスクールカウンセラーとして1年半働き、そのあと半年間、再びスクールサイコロジストとして小中学生のケアにあたった。彼女は仕事が大好きだったが、第一子の出産をきっかけに、子育てのために家庭に入るべきか考えはじめた。どんな方法で育児を行ったとしても、彼女の給料のほとんどがそれに消えてしまうように思えたからだ。

ティナは当時のことをこう振り返る。「ベビーシッターなら時間給で支払えばいいけど、それだと丸1日仕事に打ち込めない。だからデイケアを頼もうと思ったんだけど、それが信じられないくらい高かった。1時間に100ドル稼いだとしても、デイケアを頼んだらほとんどそれに消えてしまうのよ。それではお金だけでなく時間まで犠牲になってしまう。だから立ち戻って、自分にこう尋ねたの。『どうして専業主婦になるのが私にはこんなに難しいの?』って。私は自分の仕事を世界で一番やりがいのあるものだと思っていたから、そう簡単には手放せなかったの」

そこでティナたち夫婦は、タイラーが専業主夫になったほうがうまくいくのではないかと考えた。しかし、タイラーは夫婦にとって見逃せないビジネスチャンスに恵まれていた。そのうえ、ティナの本音はこうだった。「実は、自分の子どもと家で過ごすのにずっと憧れていたの。それにひょっとすると、これは自分の専門分野を違う角度から深く追求するチャンスかもしれないとも思った。その頃、学校はますます大変な状況に追い込まれていたから」

同時に、ティナたち夫婦は家計を見直し、お金の使い方を改めはじめた。「一度も利用したことのないジムの会費、衛星放送を含むテレビの受信料、業者への害虫駆除費、最新の電子機器への出費……。それらのコストを削減できれば、私の収入に頼らなくてもすむことがわかったの。そこで私たちは、そういったサービスを解約したり出費を控えたり、さらに車の利用についても見直した。私は職場まで45分かけて車通勤していたから、ガソリン代と保険代がかなりかかっていたのよ。こうして私たちはお金の使い道を改めていったの」。そうティナは説明した。

ティナは今、掃除道具を手作りしたり、ファーマーズマーケットで買い物したり、ネット通販を利用したりして、さらなる節約に励んでいるが、専業主婦になった当初はなかなかなじめず、苦労したという。「こんなはずじゃなかったと思った。私は、仕事をして収入を得ることに大きな価値を見出していたの。それに、若い頃からずっと働いていたから。高校生の頃は、大学に行くためにバイトを2つ掛け持ちしていたし、大学に入ってからは、授業と仕事で休む暇などなかった。だから、家にいるというのが私にとっては大きな変化だったの。私はがんばって家をピカピカに磨き上げたりしていたけど、母親としてうまくやれているのかわからなくて落ち込んだりもした。自分の決断の1つひとつに自信が持てず、幸せだと感じられずにいたの」

だが、あるときティナは、自分が専業主婦の道を選んだことで家族の生活を前よりちゃんと管理できていることに気づき、それから少しずつ自信を持てるようになった。そんな彼女は、「自分が幸せでないと感じるときは、その理由を深く掘り下げて考えることが何よりも大切」だと力説した。

ティナはまた、新米ママ特有の悩みやイライラに立ち向かう中で、それを日々の記録としてブログに書きはじめた。「書いていくうちに、ブログの内容は親になるのがどれだけ難しいか、子どもと向き合うのはどういうことかといったことをユーモアを交えて紹介するものになっていった。そして、その話の1つが『心のチキンスープ』シリーズに掲載されて、情報サイト『e-how.com』に記事を書くようになったの。スクールサイコロジストの仕事も大好きだったけれど、今の書くという仕事は自分の幸せのためにやっていることと」とティナは語る。

ティナが外に出て働くのを辞めようと決心したのは5年前。今、ティナの友人たちの中にも彼女と同じ決断をする人が増えているという。そうした状況を踏まえ、ティナは選択を吟味する大切さと、生活から本当に自分が得たいものを定義し直す大切さを強調した。「ただ自分に『なぜ？』と問い直して、目の前の問題がなぜ困難なのか、その理由を探っていけばいいの。誰でも正当で現実的な理由を持っているものだけど、ときには立ち戻って『なぜ？』という質問を自分にしてみることが本当に大切なことよ」

成功を定義し直す：私が仕事を辞めるまで

カリフォルニア州立大学で経済の学士号と行政の修士号を取得した私は、卒業後、フランクリン・テンプルトン・インベストメンツに手堅く就職し、マネジメント教育プログラムの期待の星として働きはじめた。４カ月ごとに各部署を回り、その間にスーパーバイザーやプロジェクトマネジャーとしての経験も積んだ。入社してすぐの頃は、車通勤と自分の役職にワクワクした。家族や友だちも、私のはじめての仕事を尊敬してくれた。

でも悲しいかな、そんな楽しい日々は長くは続かなかった。２カ月もすると、私は座りすぎで腰痛に悩まされるようになり（デスクワークと車通勤がたたったのだ）、薬を試したり、ストレスをまぎらわせるために仕事が終わると買い物に行ったり、ワインを浴びるように飲んだりするようになった。

時がたつにつれ、私はますます落ち込んでいった。そして、しょっちゅう休み時間や昼休みに泣きながらローガンに電話をかけていた。そのときは、自分がどうしてそんなに惨めな気分なのかうまく言葉にできなかった。表面的には〝アメリカンドリーム〟の道を突き進んでいたけれど、現実はまるでドロ沼の中でもがいているみたいだった。もがけばもがくほど、絶望という名の穴にどんどん落ちていった。さらに借金があったせいで、自分にはほかに道が残されていないように思えた。そんなとき、ローガンはいつもこう言って私を励ましてくれた。「道はどんなときでもあるよ。ひょっとすると、それはカッコよかったり楽だったりはしないかもしれないけど、でも必ずあるんだから大丈夫さ」

ローガンの提案で、私は少しずつ自分の生活を変えはじめた。フランクリン・テンプルトンで働きながらも、体を動かしたり、日記をつけたり、健康的な食事を心がけたりして、少しずつ悪習慣を改善していった。

そういった小さな心がけが習慣になるにつれ、私の鬱々《うつうつ》とした気持ちは晴れていき、以前のようにドキドキやワクワク、それに幸せを感じるようになっていった。私にとってははじめての大きな決断は、資産運用会社を辞め、大学院へ入学することだった。前述のように2004年末、今度は教育学の修士号を取るため、私はカリフォルニア州立大学に再び通いはじめた。お金や数字相手の仕事で一生を終えるよりも、人と関わることがしたかったからだ。私は、社会的に弱い立場にある人たちのサポーター、教師、作家など、自分の夢により近いキャリアを思いつく限り挙げてみた。ただし、〝仕事〟を見つけたいとは思わなかった。私は自分の心が欲するものを知りたかった。この気持ちの変化は、ダウンサイジングをはじめてから起こったものだった。

大学院に入ると、私はピアカウンセリング〔訳注：同じ職業や障害を持つ者同士で行うカウンセリング〕のトレーニングプログラムに参加し、地元のレイプ被害者支援センターでボランティア活動をはじめた。書類ばかり書いて仕事をしているふりをしていた日々とは対照的に、授業では毎回新しい発見があり、空いた時間はボランティア活動に精を出した。それまでの疲れ切ってふさぎ込んだ気持ちが嘘のように、私は生き生きと毎日を過ごし、自分の存在価値を感じられるようになった。これもすべて、自分にとっての成功を定義し直したおかげだった。

大学院を卒業すると、私はＣＡＬＣＡＳＡ〔訳注：California Coalition Against Sexual Assault。カリフォルニアを拠点に活動する性的・家庭内暴力の根絶を目指す組織〕という団体で仕事をはじめた。６年間、ボランティアおよび正規の職員として、カウンセリングや公共政策への提言などに朝から晩まで走りまわった。仕事は大好きだったが、しかし最後には燃え尽きてしまった。自分でも、もう一度キャリアを変えるべきときが来たのがわかった。もっと自由のある生活を送りたい。毎日時計を気にすることもなければ、蛍光灯の下に座りっぱなしになることもない、そんな生活が送りたい――そう思ったのが２０１０年、私たちがサクラメントに住んでいる頃だった。借金も完済したし、貯金もある。私は大きな賭けに出て、ライターとしてての道を歩みはじめる決心をした。

ブログ

２００４年、資産運用の会社でヘトヘトになっていた頃、私は生活を見直す意味を込めて日記を書きはじめた。すると、これがとても楽しかった。日記は長い間ずっと、ローガンと私が直面しているあらゆる困難、つまりダウンサイジングや生活の方向転換などを考えるうえで私を支えてくれた。

そして、さまざまな暴力に苦しむ女性のサポーターとして働きはじめて数年がたった２００７年には、ライティングのスキルを磨き、同じ考えを持つ人たちとつながるためにも、もっと書くことに時間を使いたいという気持ちが強くなった。そういう意味でブログはもってこいのように思えたが、当時の私にはブログの知識がまったくなかった。インターネットも、何かを調べるときにしか使ったことがなかった。

しかし２００７年12月、私は自分のブログを立ち上げるため、小さな一歩を踏み出した。ブログのタイトルは、覚えやすくて私の性格がよく表れていることに加えて、思わず読者が微笑むようなものにしたかった。暗いニュースばかりが目につく中、それを吹き飛ばすような明るいタイトルにしたかったのだ。そんなある日のこと、ＣＡＬＣＡＳＡの会議室で、同僚の何人かにブログのタイトルがさっぱり思いつかなくて困っているという話をした。「何かいい案ない？」と聞くと、1人が「Rowdy（暴れん坊の）」と叫び、別の1人が「Kitten（子ネコ）」と続けて言った。そのようなわけで、めでたくブログのタイトルは「Rowdy Kittens（暴れん坊の子ネコ）」に決まったのだった。

最初は、読者は数えるほどしかいなかった。読者が倍に増えたときの喜びは今でもはっきりと覚えている。といっても、2人が4人になっただけだったけれど……。でも、その中に両親は含まれていなかった。母にブログをはじめたことを告げると、彼女は私の顔をじっと見つめてこう言った。「で、ブログってなに？」

ブログの更新が増えるにつれ、読者は徐々に、本当に少しずつだけれど増えていき、母も目を通してくれるようになった。2008年までには、私は書くことを仕事にしたいと思うようになっていた。オンラインビジネスが成り立てば、もっと自由にいろいろなことに挑戦できる——。

私は、電子書籍を出版したり、会員制サイトを立ち上げて有料で記事を配信することなどを考えた。さらに、フリーランスのライターとして、別のサイトや雑誌などに活躍の場を広げて収入アップを図りたいとも思った。そうすれば、9時から5時まで会社に縛りつけられずに、創造力を育みながら毎日仕事ができる。自分でもうまくいくかどうかわからなかったが、私はとにかくやってみたかった。

タイミングとしても申し分なかった。私とローガンは、ずっと大平洋岸北西部に住むことを夢見ていたが、ちょうどその頃、2010年7月にローガンが博士号を取得できることが決まった。そんなふうにいろいろなことが軌道に乗りはじめたので、私たちはリスクを承知で、2010年のはじめにポートランドへの引っ越しを決意したのだった。

ポートランドを選んだのは、町の雰囲気に心惹かれたからだ。特に、自転車道が整備されていて交通の便も良く、スモールビジネスが盛んで、大きな公園がいくつもあることなどが魅力だった。引っ越しを機に、私はCALCASAでの仕事を辞め、ブログや他の執筆活動に専念した。フリーランスになって最初の年の収入は、2万ドルをわずかに上回るくらいだった。この頃、私たちはさらなるお金のダウンサイジングに取り組むべく、今の我が家であるタイニーハウスへの移住計画を進めていた。私は、この先自分がライターとしてやっていけるのかどうか確信が持てなかったけれど、ローガンにも協力してもらって、自分が挑戦を続けていける環境をキープした。

2010年の夏のある朝、それは突然起こった。ポートランドに引っ越して5カ月が過ぎた頃で、私たちは小さなワンルームアパートに住んでいた。私はいつものように眠たい目をこすりながらベッドから起き出し、コーヒーを淹れ、パソコンのメールを開いた。すると、1件の新着メールが目に飛び込んできた。「インタビューのお願い」という件名のそのメールは、『ニューヨーク・タイムズ』の記者ステファニー・ローゼンブルームからのものだった。なんでもステファニーは、幸せとダウンサイジングをテーマに記事を書いているところで、電話で私にインタビューがしたいのだという。

「どうして私に？　私なんか取り上げてどうするの？　記事になったらみんなに変わり者呼ばわりされるんじゃない？」もう1人の自分のそんな声が聞こえてきた。でも、私はそんな恐怖を振り払って「喜んでお受けします」と返信した。

　インタビューの間じゅう、ステファニーと私はシンプルライフに関するあらゆる話題で大いに盛り上がった。この取材が大きく取り上げられるなんて思ってもいなかった。せいぜい新聞の最後のほうにちょこっと載るくらいだと思っていた。ところが取材後、ステファニーから「カメラマンを送るので写真を撮らせてほしい」というメールが入って、ひょっとするとこれは予想以上に大きな記事になるのでは……という思いが私の胸をよぎった。

　記事は、最終的に日曜版『ニューヨーク・タイムズ』のビジネス欄の第1面に掲載され、ネット版ではなんと数週間もトップ記事として取り上げられた。記事のおかげで、ローガンと私には取材依頼が殺到し、ニュース番組『トゥデイ』をはじめ、ＣＮＮ、ＭＳＮＢＣなどの各放送局でも特集が組まれた。ほんの数日間で、私のもとには著作権代理人たちから「本を書いてみませんか？」という依頼が何十件と舞い込んだ。言うまでもなく、私はそのあまりの反響にとまどいと驚きを隠せなかった。たった一度の取材が、私のライターとしての運命を大きく変えたのだ。

『ニューヨーク・タイムズ』の記事のおかげで、私はライターとしての仕事の幅が広がり、電子書籍『Smalltopia: A Practical Guide to Working for Yourself（スモールトピア：自分のために働くガイド）』を出版できた。この本は2010年8月のひと月で400部以上を売り上げた。「そんなにすごい数字？」と思われるかもしれないが、私にとっては上出来だった。何せ私の当初の売上目標は50部だったのだから。自分の好きなことをして暮らしていける現実に、私は感謝の気持ちでいっぱいだし、たくさんの素晴らしい読者が私の書いたものを読んでくれるのを光栄に思っている。

私は、成功は自分が心から熱中できることに打ち込んでいるときに訪れることを知った。今になって思えば、どうしてもっと早くライターにならなかったのだろうと不思議に思うほどだ。10代の頃、タホ湖［訳注：カリフォルニア州とネバダ州の州境のシエラネヴァダ山中にある湖］の家の暖炉の前に座って、家族が私の歴史の作文についてコメントしてくれるのを待っていたのを今でもよく覚えている。どんな言葉が返ってくるのかビクビクしながら、自分の気持ちを日記に記しつつ待った。

家族は私の作文を読み終わると「良くできたね」と言い、さらに「もっとたくさん書いて、文学を専攻してみたら？　そうすればもっと柔軟な考え方ができるようになると思うよ」と言って私を励ましてくれた。私は自分が「いい書き手」だなんて思っていなかったので、その言葉には従わなかった。私が選んだのは、前述のように経済だった。確かに、おもしろかったしやりがいもあったけれど、私が文学への興味を捨ててまで経済を選んだのは、就職するときに有利だと思ったからだ。それに、作家では豊かな暮らしができないと思っていた。

もちろん、夢を追いかけていればいつも楽しいかと言えば、そんなことはない。書くこと自体はときに骨の折れる、挫折感を味わう作業だが、そこから得られるものは必ずあるはずだと強く信じているからこそ、私は幸せでいられる。元弁護士で作家のグレッチェン・ルービンが『人生は「幸せ計画」でうまくいく！』の中で言うように、「幸せがいつもあなたを幸せにしてくれるとは限らない」のだ。

シンプルライフやダウンサイジングが、いつもあなたを幸せにしてくれるとは限らない。私に関して言えば、資産運用の仕事からレイプ被害者のサポーター、さらにライターへの転身というのは、とても大きな、思わず足のすくんでしまうような変化だった。だから、毎日これならできると思うことを1つずつ積み重ねながら、ゆっくり時間をかけて変化を起こすのがやっとだった。

スモール・アクション

もしあなたが現状に満足していないなら、環境を変えるにはまず自分の考え方を変えなければならない。チベット仏教ニンマ派の高僧サキョン・ミパムは著書『Ruling Your World（自我をコントロールする）』の中で、「自分をコントロールする最も現実的な方法は、毎日少しでいいから時間を取り、自分の考え方を10％でいいから変えることを目標にトレーニングを積むことだ」と述べている。前向きな変化に対して心を開き、積極的に働きかけることが大切だ。私は、毎日これならできると思うステップを踏んで、不安を克服した。結局は、そんな小さなステップの積み重ねが、キャリアや環境に大きな変化を起こす弾みになってくれた。もどかしいくらいゆっくりとでもかまわない。シンプルな暮らしは私に、固定観念を捨て、新たなチャンスに足を踏み入れるのがいかに大切かを教えてくれた。そして、考え方を少し変えるだけで180度人生が変わると、私は身をもって知った。

・自分の情熱にフォーカスした日記を書く

もし、あなたに自分にはできると信じていることがあるなら、あと必要なのは情熱とフォーカス（集中）だけだ。私にとってびっくりするくらい役に立ったのは日記で、自分の願いや希望、夢をそこに書き綴った。それらはどれも、自分に喜びや幸せをもたらしてくれるものだった。つまり私は、自分がぜひ生かしたいと思うスキルを書き連ねていったのだ。そして文字にした途端、それらは現実のものとなっていった。

・毎朝3つ目標を決める

ふだん、私はパソコンを開きながらコーヒーと甘いものを片手に、その日の目標を3つ書くようにしている。走り書きした20個のやることリストに立ち向かうより、目標やノルマを3つにしぼって取り組んだほうがはるかに現実的だ。

・貯金をする

もし、あなたが大きなキャリアチェンジや生活費のためだけの仕事を辞めようと考えているなら、貯金をすることを忘れてはいけない。たとえば私は資産運用の仕事を辞めるとき、1年間の生活費を確保した。いざというときの蓄えがあれば、キャリアを模索している間もあまり不安にならなくてすむ。行き当たりばったりの計画で、努力が水の泡になってしまわないようにくれぐれも気をつけて。詳しいコツやアイデアは第4章を振り返ってほしい。

・積極的に講座を受け、本を読む

キャリアを変えたいなら、まずは自分がしたいことについて書かれている本を読めるだけ読んで、関連のある講座を受けてみよう。同じ志を持つ仲間とつながるチャンスがあるかもしれない。私にとって、人と会ったり作家やブログ仲間と関係を深めるのが、何かを学んだり情熱を維持するうえでとても役立っている。

・事前の情報収集をしっかりする

もし、自分でビジネスを立ち上げたいと思っているなら、ターゲット市場の事前調査は欠かせない。ブログを書いたり、電子書籍を出版したり、無料のオンライン講座を開設したりできないか考えてよう。そうすれば、ビジネスチャンスはありそうか、自分のアイデアが受け入れてもらえそうかどうかが把握できる。

・テレビやインターネットに没頭しすぎない

ある時期、私はテレビやネットサーフィンに明け暮れていたことがあった。ちょっとくらいなら、ためにならないお笑い番組を見るのもいいだろう。でも、私たちの時間は無限にあるわけではないことを肝に銘じておこう。フェイスブックを見る暇が1時間あるなら、その分仕事や業界研究をしたほうがよっぽどいい。

・メンターを見つけて相談する

あなたが尊敬する人に、キャリアの目標達成をサポートしてくれないか頼んでみよう。私にも何人か素晴らしいメンターがいて、その人たちのおかげで私は生活費のためだけの仕事を辞め、ライターとしての仕事をスタートさせる勇気が持てた。たとえば、尊敬するあるキャリアウーマンには、週に1回コーヒーに付き合ってもらい、自分で掲げたさまざまな目標についてのアドバイスをもらった。そんなメンターたちの存在がなかったら、今の私はきっといなかっただろう。

パート3

幸せを買う

第8章　時間こそ本当の豊かさ

起きている間じゅう、つまらないことや、どうでもいいと思うことをしなくてはいけないとあきらめる必要はない。なぜなら、私たちは自分で時間をもっと豊かなものに変えていけるのだから。

――トッド・カシュダン（アメリカの臨床心理学者）

あれは、タホ湖畔での涼しい夏の日のことだった。母と私は、湖畔に腰を下ろして本を読んでいた。母が読んでいたのは不動産雑誌の最新号で、私のほうはトッド・カシュダンの『頭のいい人が「脳のため」に毎日していること』という本だった。「信じられない！」私は思わず母に言った。

母はサングラス越しにちらりと私を見ると、「何が信じられないの？」と聞き返した。

「あのね、トッド・カシュダンによれば、ほとんどの人が1日の20％以下の時間しか有意義な仕事や遊びに使えていないんですって。つまり、それだけの時間しか、友だちと話したり、恋人と親密な時間を過ごしたり、ただ遊んだりするのに使えていないのよ！」

母は思わず口を開いた。「信じられない！　じゃあ、いつ遊べっていうの？」

母のこの疑問は、これまで多くの研究者たちも抱いてきた。たとえば２００７年には、プリンストン大学の経済学教授アラン・クルーガーが「Are We Having More Fun Yet?（私たちはなぜ楽しもうとしないのか？）」という論文を発表した。この十数年間のすさまじい技術革新のおかげで、私たちは新たに莫大な自由時間を手にしたはずだった。ところがクルーガーによれば、実はそうではないのだという。アメリカ人はこの期におよんでもまだ、有意義なことや挑戦してみたいことに打ち込めていないのだ。

私はだんだん、時間とは再生不可能な、極めて希少なものだということがわかってきた。時間は、過ぎてしまえばもう絶対に取り戻せない。貯めることもできなければ、いつまでもあるとは限らない。だって、明日という日が必ずあるとは限らないのだから……。だからこそ私たち1人ひとりが、この限りある時間という資源をどう使っていけばいいか考える必要がある。

また、だからこそ私はお金儲けはそこそこにして、こんなふうにタホ湖で両親とのんびり1週間過ごすのを選んでいる。もし従来のような仕事をしていれば、私はこんなふうに母と湖畔に長い時間座って、有意義な話に花を咲かせることもなかっただろう。とはいえ、私が今でも仕事とプライベートのバランスを取るのに悪戦苦闘しているのも事実だ。今の働き方は、私を幸せにしてくれてはいるけれど、ときどき働かないでいるとストレスを感じたり、悪いことをしているような気になってしまうのだ。

ある研究では、プライベートな時間とお金のどちらに比重を置くかで、幸福度にどんな影響が出るかという実験がなされている。その実験によれば、被験者たちが家族や友人と過ごす時間を意識的に長く取ったときには、仕事に割く時間が減って幸福度が上がった。逆にもっと働いてお金を稼ごうとしたときには、人付き合いが減って幸福度も下がった。要するに、幸せになりたければ時間に対する意識を改める必要があるのだ。私は身をもってそれを学んだ。家族や友人と過ごす時間を増やし、新しいキャリアをスタートさせたおかげで、私の幸せの捉え方は180度変わった。

そのために私がはじめたのは、時間の使い方を記録することだった（これについて興味のある人は、ローラ・ヴァンダーカムの『168 hours（1週間の使い方）』をご一読あれ）。これは非常に効果の高いエクササイズで、私は自分にどれくらい自由な時間があり、どれくらい仕事をしていて、そしてどれくらいの時間を無駄にしているかを知る際に重宝している。今では、私は時間の使い方を以前よりはるかに意識するようになった。時間は変幻自在なので、私はそれを最大限に生かしたいと思っている。

この章では、ふだん私たちが時間を無駄にしてしまう3つの要素——通勤、テレビ、ネットサーフィン——について見ていきたい。

30秒の通勤

幸せを研究対象にする学者たちが、被験者に「今日最もイヤだった時間は?」と尋ねると、みんな口をそろえて「通勤」と言うのだという。スイスの政治経済学者、アロイス・スタッツァーとブルーノ・フライは論文「Stress That Doesn't Pay: The Commuting Paradox(負のストレス:通勤という名のジレンマ)」の中で、長距離の通勤が私たちの幸せや健康に害をおよぼすと述べている。興味深いことに2人は、通勤時間と生活全体の満足度には負のつながりがあることを発見し、車通勤の人は「そうでない人に比べて1カ月当たり19%多く稼がないと十分な満足感が味わえない」と指摘している。収入は多いに越したことはないが、多く稼いだところで通勤時間は減らないのだから、この場合はなんの解決にもならない。犠牲になるのは、私たちを幸せにしてくれるはずの時間だけだ。

すでに話したとおり、私はかつてクタクタになりながら長い距離を車通勤していた。渋滞していれば片道に1時間半以上かかっただろうか。そもそも、渋滞していないときのほうが珍しかったのだが。

車に乗っていると私は絶えずイライラし、腰はズキズキと痛んだ。そして、私は動かない車の中でイライラのあまりハンドルを叩いたり、他のドライバーにヤジを飛ばしたりしていた。あなたもそんな経験はないだろうか? ある研究によれば、アメリカ人が毎日車で過ごす時間は平均50分で、なんと10人中9人が通勤手段に車を利用しているという。では、この現状を変えるにはどうしたらいいだろう？　手っ取り早いのは、通勤をやめてしまうことだ。

もちろん、これは誰もができるわけではない。でも、通勤を1つの選択肢として捉えてみるのは大切だ。私がフリーランスのライターになる道を選んだのは、ある意味、通勤で失われた時間をまとめて取り戻すためだった。今、私の通勤はストレスフリーで30秒もあればオフィスに着いてしまう。我が家は特に小さいから、ひょっとするともっと早いかもしれない。ロフトを降りて窓辺のソファに座り、パソコンを開けばそこがオフィス。今では、かつて自分が車の中で過ごしていた時間を思うとゾッとする。

生活をシンプルにしたいと強く望むなら、どうすれば通勤しなくてすむか、もしくは通勤時間を減らせられるかをじっくり考えてみてほしい。家で過ごす時間がほとんどないのなら、わざわざ遠い郊外の大きな家に住む必要はあるだろうか？　毎日家に着く頃にはクタクタに疲れ切っているというのに？　家で働く選択肢を頭から否定して、たとえば州の半分を行ったり来たりしてまで今の仕事を続ける意味は、果たしてあるのだろうか？

もう1つ、通勤手段を車以外に変えるという手もある。もし、どうしても通勤せざるをえないなら、幸せを減らしてしまう通勤そのものを、幸せを増やす手段に変えてしまえばいいのだ。電車、バス、自転車を利用してみよう。

前述のように、私も家で仕事をはじめる前はそうしていた。自宅のあるカリフォルニア州デービスからサクラメントまで、私は電車と徒歩で通勤していた。これがとっても楽しかった！　乗車している時間はわずか15分ほどで、列車は遅れてばかりだったけれど、私はめったにイライラしなかった。待っている間も本を読んだり、物を書いたり、編み物をしたりして、自分の時間を有効に使えていたからだ。どれも、車で渋滞につかまっていたときにはできないことだった。

もし、あなたが子どもの送り迎えに毎日車を使っているなら、自転車や公共の乗り物に変えることはできないか考えてみよう。私の友人のダスティ・アラブは自転車が大好きで、通勤にも子どもの送り迎えにも自転車を活用している。聞けば「健康にもダイエットにもいいから」だそう。でも、そんな彼女も最初は苦労したそうだ。「ママチャリデビューして最初の2、3週間は覚悟しておくことね。でも、そこでやめちゃダメ。そのうちに絶対に楽しくなってくるから」

「何を覚悟しなければならないの？」私はきょとんとして尋ねた。

「あなたにどれだけ体力があっても、はじめのうちは自転車を降りる頃にはヘロヘロになっているはず。ほとんどの場合、子どもを乗せていても安全に走れるけど、そうはいかない場所もあるのよ。エビーを乗せてこれまで一度も事故に遭ったりしなかったのは、自転車を目立つ黄色にしているから。そうやってドライバーに注意をうながしておけば問題ないわ。天気に関して言えば、これも準備しておけば問題ない。オレゴンは雨が多いもの。何より準備が大切なの」

このときダスティは妊娠中で、2012年になってすぐに元気な男の子を出産した。これにより、彼女は調整を強いられた。「赤ちゃんの首がすわらないことには、自転車どころじゃないから、それまでは抱っこひもでどこにでも連れていくつもりよ。最低でも半年はバスや電車を利用して、そのあとは自転車の前かご部分にチャイルドシートをつけることになるんじゃないかしら。取り外しも簡単だし。自転車の前のシートに乗るのが、子どもたちは本当に好きみたい」とダスティは語る。

私はダスティに「どうして子どもを抱えてまで自転車に乗るの?」と聞いてみた。すると彼女は、「私もすごく楽しいし、何より子どもたちが楽しめるから」と答えた。すべては経験のためなのだ。

夫のローガンは、「自転車で通勤している時間が1日の中で最も好きな時間の1つ」だと言っている。ローガンはここ数年、職場まで片道30分ほどの道のりを毎朝自転車で通っている。「晴れでも雨でも、自転車に乗るのは楽しいよ。頭がしゃきんとして、体が動き出すんだ。駐車にも困らないしね。おまけに、バスや電車みたいに待たなくてすむ」

私たち夫婦にとって毎日の通勤を見直すのは、時間をコントロールできるようになるための1つの手段だったのだ。

私がテレビを持たないワケ

今日、アメリカの一般的な家庭を覗けば人の数よりテレビの数が多かったりする。1950年当時は、アメリカでテレビを持っている家庭は全体のわずか5%だった。それが、1960年までには95%以上の家庭がテレビを持つようになった。驚くのはまだ早い。労働統計局によると、今ではテレビ鑑賞がアメリカ人の暇な時間の過ごし方第1位なのだという。平均して、アメリカ人がテレビに費やすのは1日当たり約2・8時間。年間で言えば、なんと1000時間を超えるのだ！

私が資産運用の仕事を辞める直前の2004年、ローガンと私はまさにこの平均をなぞるような生活を送っていた。車通勤と8時間（場合によってはそれ以上）におよぶデスクワークでほぼ座りっぱなしの長い1日を終えると、私は毎晩テレビの前に陣取って、2時間でも3時間でもそれを眺めていた。たいていローガンと一緒に「つまんないコマーシャルばっかりやってないで何かおもしろい番組はないの？」と言いながら、ひっきりなしにチャンネルを変えていた。でも、テレビを見れば見るほど、生気が吸い取られていくような気がした。このままでは抜け殻になってしまう――そう思った私は変わる決心をした。

私は暇な時間にテレビを見る代わりに、本を読むことにした。そして、できればローガンと夕方散歩したり、自転車に乗ったりして2人で楽しめることをしたいと思うようになった。けれども、ローガンはそのアイデアに興味を示してくれなかった。彼は、自分のテレビタイムを取り上げられるのをイヤがった。ちょうどそのとき、私たちはダウンサイジングを開始したところだったので、それならテレビは友だちに譲りましょう、とも提案したのだが、ローガンは決して首を縦に振ろうとはしなかった。

ところが、そのあとすぐにローガンが妥協案を提示してきたので、私は驚きつつも喜んだ。実はその頃、ローガンはカリフォルニア大学デービス校の心臓研究にボランティアとして参加していて、調査の一環として、心拍数モニターを1日中つけていなければならなかった。その結果、彼は自分の心拍数が寝ているときよりテレビを見ているときのほうが少ないことを知ったのだ。テレビは悪い薬か何かで、そのせいで自分が植物状態になってしまうとでも思ったのだろう。最後には「心拍数が少ないと心臓病を引き起こしかねない」と結論づけた。

捨てる代わりに、ローガンはテレビをクローゼットにしまっておこうと提案した。目につかなければ2人とも見たくはならないだろうし、もしどうしても見たくなったり見る必要が生じたりしたときには、引っ張り出してきてコンセントにつなげばいいだけだ。それから何カ月間もテレビはクローゼットに置かれたまま引っ張り出されることもなく、ほこりだけが積もっていった。それどころか、飼いネコの1匹がひどく気に入ってしまって、その上を寝床にしていたほどだ。こうして、テレビがなくても楽しくやっていけることに

2人とも気がついた。つい最近、ローガンと私はテレビをめぐる諍《いさか》いを振り返った。当時のことをローガンは次のように語った。

「そうそう、僕らはダウンサイジングが必要だという意見では一致していた。僕がテレビの件で妥協したのは、モノだらけの生活と手を切らないといけないというのが自分でもわかっていたからさ。でも心の底では、まだパソコンがあると思っていた。もしどうしても見たくなったら、ネットで見られるだろ？ けれども、クローゼットにテレビをしまったおかげで、僕は自分の時間の使い方を見直さざるをえなくなった。そして信じられなかったけど、テレビがないほうが幸せだと思えるようになった。ひっきりなしに流れるコマーシャルを見なくなったおかげで、モノが欲しいと思う気持ちが抑えられたんだ」。そしてこう続けた。「僕の生活の小さな太陽だったんだ。すべてのものが、テレビを中心に回っていた。家具の置き場所ひとつにしてもテレビを中心に考えていたから」

究極論を言えば、あなたが使った時間やエネルギーが、そのままあなたの人生になる。「でも、君にはまだ、もう1つ時間に関する大きな問題が残っているよね」とローガンは指摘した。それがインターネットだった。

私のネット休業宣言

私は高校生の頃、ネット恐怖症だった。私の家にはパソコンがなかったし、ネットをする機会もなかった。だから課題でリサーチが必要になったときには、いつも1ブロック先の親友のところに行って、彼女の両親に助けてもらっていた。

インターネットは、得体の知れないモンスターみたいだった。だから私は電子メールを含め、インターネットを使うのを避け続けた。しかし大学に入ると、そんなことは言っていられなくなった。新入生全員にメールアカウントが与えられ、課題はメールで出すと言う教授までいたのだ。今でも私は、大学ではじめて自分のメールを開いたときのことをよく覚えている。私は学生会館のパソコンルームに座り、まさに真剣そのものの面持ちでパソコンの画面を見つめ、自分のメールアカウントが作られていくのを目で追った。あれからもう15年もたったなんてとても信じられない。

私は、テクノロジーに関しては今も変わらず疎いほうだ。とはいえ今日、私の生活と仕事はこのテクノロジーと切っても切れない関係にある。時代の流れは本当におもしろい。これまでの仕事のどれを取ってみても、パソコンという名の技術や情報源なしには成り立たなかった。資産運用会社で働いていた頃は、膨大な量のデータベース移行プロジェクトを手伝ったし、地元のレイプ被害者支援センターのボランティアをしていたときには、みんなで外部向けのウェブサイトを立ち上げた。

そして、カリフォルニアの性的・家庭内暴力の被害者支援団体CALCASAで働きはじめて、私はブログやソーシャルネットワーキングサービス（SNS）を使いこなせるようになり、さらには政策決定の仕組みまで勉強できた。CALCASAでの仕事は、それまでの私のテクノロジーに対する印象をガラリと変え、私はこんなに便利なものがあるんだと思うようになった。

2010年9月、BCS〔訳注：The Chartered Institute for IT。英国コンピュータ協会〕はインターネットの使用と幸せに関する興味深い報告を行った。その報告によると、ある種の人たちにとってインターネットの使用はプラスになり、たとえば低収入の人、発展途上国に暮らす人、女性などがそれに当たるのだそうだ。理由は、インターネットは「権限や能力を間接的に与える役割を果たすもので、それを通じてこれまで以上の自由やコントロール感が生まれ、最終的には生活満足度の向上につながる」からだという。つまりインターネットは、節度を守って使うのであれば、あなたをもっと幸せにしてくれるのだ。

でも、節度を守って使えているアメリカ人がいったいどれだけいるのだろう？　ポートランドの町を散歩していると、携帯電話の青白い画面に没頭している人をよく見かけるようになった。その光景を目にすると、私はいつでもどこでもネットとつながることで、逆に私たちの幸せが損なわれているのではないかと思えてしまう。

事実、数多くの研究や報告により、絶えずパソコンや携帯でメールをチェックしたり、SNSにアクセスしたりする行為が、中毒症状を引き起こす「ドーパミン報酬系」を活性化させることがわかっている。研究者の1人シェリー・タークルは、テクノロジーとの付き合い方に関する本を多数執筆していて、最近では「私たちはよく吟味したうえでデジタル製品を生活に取り入れ、それを四六時中使うことでどんな影響があるかを絶えず自問自答する必要がある」と述べている。

私は自分の時間の使い方を見直すにつれ、パソコンやｉＰｏｄにアクセスしすぎだと気づいた。いわゆる「ネット依存症」ではなかったけれど、常に同時にいくつもの作業をして、忙しく画面を切り替えていた。そこで私は、事あるごとに「1時間ごとにメールをチェックする必要が本当にあるの？　1日に2回で十分じゃない？」と自分に問いかけることにした。メールやさまざまなＳＮＳを頻繁にチェックすればするほど、忙しさだけが増し、自分の心に目が行かなくなったからだ。ブログを書くにしても、長時間パソコンの画面を見つめたところで、効率は上がらないように思えた。

これは、現代人に共通する悩みだ。ジャーナリストのマージョリー・コネリーが『ニューヨーク・タイムズ』に寄せた記事によると、45歳以下の30％の人が「（スマートフォンをはじめとする）デバイスのせいで以前より集中力が大幅に落ちた」と述べたという。さらにメールや電話、その他のメッセージのチェックを頻繁に行うと、私たちの思考や行動に良くない影響が出る。コネリーが言うには、私たちの集中力は「膨大な情報によって低下してきており、これは情報がとっさのチャンスや脅威に対して反応しようとする人間の原始的衝動に作用するため」なのだそうだ。

言うまでもなく、解決策は情報にアクセスしないことだ。私は手はじめに、週末の2日間は何があってもパソコンの電源をオフにしようと決めた。これを半年間続けた結果、私は心身ともにリフレッシュできた。本を読む時間が増え、ローガンと充実した時間を過ごし、ヨガのレッスンにもたくさん通えるようになった。ついついやってしまうツイッター（Twitter）やフェイスブックのチェックをなくせば、こんなにたくさんのことができるんだということに気づき、自分でも驚いた。

さらに私は、もっと大きな試みに乗り出した。2011年7月、1カ月間のネット休業を決意したのだ。これに踏み切った最大の理由は、この本の執筆活動に専念するためだった。時間を最大限活用する必要があり、そのために、私はネットサーフィンはもちろんのこと、あらゆるパソコン関係の日課を毎日の生活から取り除いた。まるまる1カ月間、ブログも書かなかったし、メールもチェックしなかったし、ツイッターやフェイスブックにもアクセスしなかった。

では、その間に一度もパソコンのスイッチを入れなかったかと言えば、そんなことはない。私は、執筆のためのリサーチと会員向けの配信記事の利用に限り、インターネットの使用を自分に許した。1カ月間のネット休業は、私にとって書くということだけに集中できた有意義な時間だった。

たった1カ月ネットから離れるだけでも、心配の種は尽きなかった。その時点で私はすでに3年半以上ブログを書いていたので、「読者がとまどうのではないだろうか」「もし記事を読んでくれなくなったらどうしよう」と考えると怖くなった。でもその反面、ネットから離れる必要性も感じていた。ブログに寄せられたコメントにその都度返信していたら、とてもではないが仕事にならなかったからだ。

1カ月ネットから離れている間、仕事はすごくはかどったが、私はうれしい半面、寂しくもなった。ある意味、それは長期休暇をもらえたようなものだったので、私はそれまで以上に出かけたり、友人と過ごしたりすることができた。そんなとき私は、常にネットとつながっていなければならない、アップデートしておかなければならないという気持ちから解放され、それまで以上に幸せを感じた。しかし一方で、つながりが断たれて寂しくもなった。ネットを断ってはじめのうちは孤独に感じた。遠方の家族や友人とこれまでと同じように連絡を取るために、私は頻繁に電話をするようになった。けれども、メールと同じようにはいかなかった。要するに、私はネットを断って孤独という名の禁断症状と闘っていたのだ。

結論から言えば、デジタル世界と距離を置いたのは、リフレッシュと集中という意味ですごく良かった。確かにインターネットやSNSは、私に信じられないくらいたくさんの幸せを運んできてくれる。私はネットで読者や作家仲間とつながるのも、家族や友人と連絡を取り合うのも大好きだ。だが、あまりにも長い時間オンラインの状態でいると、私はだんだん物足りなさや違和感を覚え、現実の世界から切り離されているような気がしてくる。孤独や音信不通の状態が、ときには想像力を最大限に引き出すベストな手段になることもあるのだ。

シンプルに暮らすという概念は、人付き合いや経験にまでおよぶもので、特に時間を最大限に活用することを指す。大切なのは、自分の時間をどんな人との関係に捧げるかを考え、コントロールすることだ。私は長い間、起きるとすぐにフェイスブックにログインしていた。早くみんなとつながりたい――そう思っていた。でもそもそも、本当にみんなとつながれていたのだろうか?

私がこの疑問をはっきりと感じたのは、ある朝、いつものようにパソコンを立ち上げ、フェイスブックにログインしたときだった。コメント欄にはずらっと見知らぬ人たちの顔がアップされ、新たに15件の友だちリクエストがあった。しかし、その中に私の知っている顔は1つもなかった。もちろん、みんないい人なのはわかっている。たぶん、私の友だちの友だちの友だちくらいに当たるはずなのだから。

でも、それを見た私は「もうこれ以上コントロールできない」と強く思った。〝フェイスブック友だち〟が、必ずしも自分が落ち込んだり、コーヒーでも飲みながらじっくり話がしたいと思ったときに連絡を取るタイプの友だちではないのは、私にもわかっていた。けれども〝フェイスブック友だち〟としての付き合いさえ、最近の私はできていないのでは？　パソコンの前でじっと考えているうちに、自分にはこれ以上700人と友だち関係をキープする余裕がないことに気がついた。なんとかしなくては、と思った。その頃、私は町で友だちとゆっくり会うこともほとんどできていなかった。

今、私はブログ「RoedyKittens.com」のファンページとしてフェイスブックを利用し、ブログをアップデートしたときにだけ、フェイスブックにも記事を投稿している。ただし個人用のページは持っていないので、私には〝フェイスブック友だち〟は1人もいない。友だちと話をしたくなったら、電話するか手紙を書くことにしている。

私は今もなお、バランスの取り方に悪戦苦闘している。私はいわゆるブロガーなので、ネット上での存在や役割もある。メールやツイッターもするので、5分おきにチェックして返信したいという衝動に駆られたりもする。でもこれまでの経験上、そっちにバランスが傾くと、かえって効率が落ちてしまうことがわかっている。

そこで私はいくつかルールを設けた。それは、メールのチェックは基本的に午前10時と午後3時の2回しかしないというもので、SNSへのアクセスも同じルールに従っている。もちろん、その日のスケジュールによって、時間帯は変わることもある。そして、毎週日曜はパソコンオフの日と決めている。これはぜひお勧めしたいルールだ。ある意味、そのほうが1カ月ネットから離れるより、ストレスにもならないしバランスも取れる。

それでもまだ、私はネットの誘惑に負けそうになってしまうことがある。そんなとき、私は「フリーダム」というアプリを活用している。これを使えば最大8時間、強制的にインターネットに接続できなくなるのだ。ネットの誘惑を断つためにネットのアプリに頼るなんて、なんだか皮肉なような気もするけれど、要するにテレビをクローゼットにしまっておくのと同じこと。つまりは、自分の時間の質を上げ、その大切な時間を無駄にしないための選択を行っているのだ。

スモール・アクション

・1週間、自分の時間の使い方を記録する

カレンダーをプリントアウトして、1週間の自分の行動を書き込もう。仕事をした時間、テレビを見た時間、通勤に使った時間をはじめ、インターネットやエクササイズなどに割いた時間などもメモしていこう。2005年に私は自分の時間の使い方を記録してみて、通勤とテレビに毎週20〜30時間も費やしていることに気がついた。そのおかげで、私は自分が犠牲にしているものの大きさがわかり、自分のやりたいことに優先順位をつけることができた。

・ふだんの自分の行動を書き出す

ふだん自分がやっていることをすべて書き出すのは、バランスの取り方を考えるうえで効果的だ。あなたがもっと多くの喜びを感じるには、どんな行動を減らしたり、やめたりするのがいいだろうか？　ものによっては、簡単にやめられるかもしれない。同時に、どんな行動を新たに取り入れれば、あなたの満足度や幸福度は上がるだろう？

・車に費やしている時間を計算する

毎日車に費やしている時間を、すべて合計してみよう。通勤時間だけでなく、ガソリンを入れる時間、メンテナンスにかける時間、駐車スペースを探す時間などもすべて含めること。何か減らせそうなものはないだろうか？　相乗りしたり、代わりにバスや電車を使ったり、もしくはカーシェアリングという選択肢は考えられないだろうか？

・試しに1週間、車を使わずに生活してみる

車に頼らない生活ができるかどうか不安なら、まずは1週間もしくは1カ月、試しにやってみよう。それを踏まえ、毎日のノルマをこなすのに、この変化が自分の生活にどれほどの影響を与えるかを、きっちり見極めよう。それができたら、車を売ればどれくらいの節約になるのかを考えて、不便さと天秤にかけてみよう。

・まずは1カ月続ける

研究者たちによると、どんなことでも新たに習慣化するには、3週間から1カ月の期間が必要なのだという。もし、あなたがほとんど強迫観念とも言えるような習慣——たとえば30分に1回のメールチェック——をどうにかしたいなら、まずは小さなことからはじめ、最低でも1カ月は努力して続けるようにしよう。

・同時にたくさんのことをしない

同時にいろいろなことをしようとすると、精神的にまいってしまう。かくいう私がそうだ。私は今、一度に1つのことしかしないと決めている。1つのことに集中し、それが終わるまではほかのことに手を出さない習慣をつけよう。

第9章　お金VS経験

人生は札ビラに刷り込むようなものではない。

——クリフォード・オデッツ（アメリカの劇作家）

２０１０年7月12日、私はパニエという、自転車の後輪につけるバッグに荷物を詰め込みながら不安に駆られていた。私たちのはじめての自転車旅行が、ここポートランドから60キロ以上離れたスタブ・シュアート州立公園で、本当に大丈夫なんだろうか？　今回、そこに自転車でキャンプに出かけようと決めるまでに、ローガンと私は何度か激しいケンカをした。私は、とてもそんな距離を走り切る自信がなかった。そんな私をローガンは、「君なら絶対に大丈夫だから」と言ってなだめた。

でも、私の不安は的中した。その日は猛暑日で、オレゴンのバンクスという町に着く頃には、２人ともヘトヘトになっていた。途中、ローガンは私を木陰で休ませ、近くのスーパーまでスポーツドリンク、それも私の好きなレモン味のゲータレードを買いに走ってくれた。ふつうのスポーツドリンクでは喉の渇きが少しもマシにならなかったので、私はどうしてもそれが欲しかったのだ。それでもキャンプ場までは、まだ15キロ以上もあった。

最終的に、ローガンと私はどうにか州立公園にたどり着くことができた。私にとって、最後の15キロはまさに拷問だった。けれども結果的にその週末は、その夏最高とも言えるものになった。しかも、50ドルしかかからなかったことを考えれば、十分すぎるほど元が取れたと言えるだろう。キャンプ代、食事代、おまけにビール数本を含めて、その値段だった。もし、朝食付きのおしゃれなホテルにその値段で泊まれたとしても、同じくらいの楽しさはきっと味わえていなかったと思う。ある意味、この経験は私に「自分は自分で思っている以上に強い」ということを教えてくれた。そして、そんな思い出はお金で買えるものよりもっと大切で、深く心に刻み込まれる。

数年前まで、私は自転車でキャンプに出かけるのを毛嫌いしていた。カッコいいと思えなかったからだ。髪が乱れたり、服が汚れたりするのもイヤだった。でも今は、私はどこにでも喜んで自転車でキャンプに出かけている。ローガンと一緒に自然を探索しながら過ごす時間は、私に喜びをもたらしてくれている。

小説家でエッセイストのスコット・ラッセル・サンダーズは、「Breaking the Spell of Money（お金の呪縛を解くために）」という記事の中でこう述べている。「基本的なニーズ以外、お金は私たちが本当に幸せになるために必要なものを何ひとつ与えてはくれない。

すなわち、家族、コミュニティ、健康、満足のいく仕事、芸術や自然などからの経験、他人への思いやり、目的意識、洞察力などは、どれもお金では買うことができないのだ」

私はお金にまつわる呪縛から解放されるために、「誰と一緒に時間を過ごすか」と「どんなモノを買うか」という点をかなり意識するようになった。

母の体験談：お金で買えるのは幸せではなく安定

私の母、キャシー・ヘティックについては第1章でも紹介したが、ここでもう少し彼女の人生について話しておきたいと思う。なぜなら、母の経験が私の人生の選択に大きく影響してきたからだ。私がお金と幸せとの結びつき、つまり幸せになるためにはお金が必要だという考えに疑り深いとすれば、それは母の経験と見解によるところも大きい。

母は大学を卒業すると、ニューヨークを離れてサンフランシスコへ向かう決心をした。その理由を、母はこう語った。「母から逃げる必要があったの。あなたからすれば、おばあちゃんからね。おばあちゃんはものすごく厳格な人で、私をどこまでも束縛しようとした。21歳のいい大人にもかかわらずよ。ほかにもいろいろな理由があって、とにかく私は家を出る必要があった。だからサンフランシスコに行って、秘書として働きはじめたの」

サンフランシスコに移った母は、ＹＭＣＡ（キリスト教青年会）で小さなアパートを見つけた。当時、ＹＭＣＡはワンルームアパートを貸しに出していて、身ひとつでやって来た母にとって、そこは申し分ない場所だった。仕事が決まっていたこともあり、母はワクワクしながら街を探索しはじめた。アパートの広さは8坪（約26㎡）ほどだった。「アパートは小さかったけれど快適だった。手紙は私書箱で受け取っていたわ。そのあと、新しい友だちとアパートをシェアして数年間暮らしたの。45番街とディエゴ・リベラ博物館のあるあたりね」

母は当時の話を続けた。「今の若い子たちと同じような生活をしていたのよ。サンフランシスコで暮らしはじめた当初は自転車を買うことしか頭になかった。もう1つ、喉から手が出るくらい欲しかったのはスキー板。そのとき私は20代そこそこで、しかもアパートが高級デパートやレストラン、バーなどが立ち並ぶエリアの近くにあったから、よく自転車で出かけては、バーでワインを飲んだり、男の子とふざけ合っていたわ」

母は徐々に都会での生活になじんでいった。そして3年たってはじめて、ニューヨークの実家に帰った。「その頃、ようやく帰省するお金の余裕ができたの。でもそのときは、父が飛行機代を援助してくれた。私が頼んだわけじゃないのよ。ウチはお金持ちだったけど、私は一度もお金を無心したことはなかった。当時、私は秘書として働いていて、お金を切り詰めながら生活していたの。父はそのことにいつも感心していて、ずっとあとになってからも『お前は一度もお金の工面を頼んでこなかったな』とよく振り返っていたわ」

母は、そのあとも都会での生活を心から楽しんだ。ところが30歳を過ぎた頃、彼女を取り巻くお金の状況が一変する。叔父のビルが亡くなり、25万ドルもの遺産を手にすることになったのだ。私が生まれたのが1978年だから、その数年前の出来事だ。そして私が5歳のとき、両親は離婚し、母は私が高校生の頃に（私にとっては継父に当たるメイランと）再婚した。私は本当に何不自由ない環境で育った。なにしろ、両親はお金をあり余るほど持っていた。着るものや食べるもので苦労したことなどなかったし、まるで大牧場主を思わせるような美しい家に住んでいた。そして、私たちはスキー旅行をはじめ、休暇のたびに旅行に出かけていた。

私が母に「お金で幸せは買えると思う？」と尋ねると、母はこう答えた。「幸せはお金では買えないわ。経済的な安定なら得られるけれど。あなたのパパと別れたあと、もし遺産がなかったらどうなっていたかわからないわ。自分でも、遺産を手にできたのは本当にラッキーだったと思ってる」。一方で母は、「でも遺産がなくても自分でどうにかしていたと思う」とも言った。「私は、幸せは自分の内側にあるものだと思っているの。もちろん、お金があれば物質面では豊かな暮らしができる。けれども、お金があるからといって必ずしも心の豊かさを得られるわけではないの」

その良い例が叔父のビルだ。母はこう言った。「ビルおじさんの人生は、本当に惨めだった。お酒に殺されたって言っても過言ではないわ。彼は欲しいものはすべて手にしていた。女性も車も、それに大きな家もね。それでも、彼は幸せになれなかった。私の父と母だってそう。お金はあり余るほどあったのに、しょっちゅうそのことで揉めてた。深夜まで続くケンカの原因は、いつもお金がらみのことだった。元をたどればいつもそこにはお金があったの」

大人になった母は、一度たりともお金持ちになるために必死になったりはしなかった。ビルおじさんと同じ道を歩むのは絶対にイヤだったからだ。母は私に「お金は素晴らしいものだし、あれば安心だけど、それもすべて使い方しだい」と語った。「大事なのは、お金を車や家、それに有名人みたいにドラッグなんかに使ってしまうのか、それとも将来の備えや自分の信じるもののために使うのか、どちらを選ぶかということ」

母はこれまでずっと、安心して暮らせる程度のお金があれば十分だと言い、子どもの頃の経験を何より大切にしてきた。サマーキャンプに参加するなんて、当時のほとんどの子どもたちにはできない経験だったし、今でも長い休みにはスキーに出かけている。母にとってスキーは人生になくてはならないものなのだ。

多くのアメリカ人と同じように、母も2008年の金融危機の影響で遺産のかなりの額を失った。ときどき、あのときのお金があればと思うこともあるそうだが、なんだかんだ言って母は幸せそうだ。最近になって、母は私にこんなことを言った。「健康とお金のどちらを取るかと言われれば、私は健康を取るわ。それで破産してしまうのなら仕方がない。健康でさえいられれば何だってできるもの」。母が言うように、何より大切なのは健康な心と体で、それさえあれば、私たちは人生を楽しみ、いろいろな経験を心から味わうことができるのだ。

「必要なモノ」と「欲しいモノ」を区別する

カナダのブリティッシュ・コロンビア大学教授エリザベス・W・ダンは、消費と幸せに関する研究の第一人者だ。最近の論文の中で、ダン率いる研究チームは、「収入はひとたび私たちの基本的なニーズを満たしてしまえば、そのあと幸せの大きな要因になることはない」と述べている。ダンたちがこう述べた研究結果は、「お金で幸せは買える。ただし、それは自由になるお金をどう使うかしだいだ」ということを示唆している。

問題は、何かモノを買ったとき、支払ったお金に対して幸せがどれくらい長く続くかだ。たとえば、あなたが素敵なグッチのバッグを買って1週間もしないうちに、また新しいバッグが欲しくなっているとすれば、結果としてほんの少しの間しか大きな幸せを感じていないことになる。人間は、日々すごい速さで新しいモノに適応していくので、「新しさ」がもたらす幸せもあっという間に薄れていってしまうのだ。

しかし、たとえばコンサートやヨガのレッスン、旅行などの経験にお金を使えば、満足感は一般的にモノにお金を使った場合に比べてより強く、長続きする。なぜなら、それらの経験は私たちを刺激し、楽しい思い出として心に残り続けるからだ。ダンたち研究チームは、モノを買う代わりに他人を助けたり、チャリティに寄付したり、ささやかなモノをほんの少し買ったりするほうが、より幸せになれると述べている。

前章でも少し触れた友人のダスティ・アラブは、この研究結果のまさに証人のような人物だ。彼女は23歳の作家でママとしての顔も持っている。ビジネスの腕も確かで、最近、ダウンサイジングにも成功した。そんな彼女に、私は地元ポートランドにあるコーヒーとチョコレートの専門店「ムーンストラック」で、2011年末に「幸せ」について話を聞いた。もう気づいていると思うけれど、私はコーヒーと甘いものに目がないのだ。

ダスティは、こう語りはじめた。「生活をシンプルにする前、私にとっての幸せはいつもモノの上に成り立っていた。たとえば、ディズニーランドが提供してくれるモノの上に。実は去年まで、私には自分の価値観がまったく理解できなかったの。価値観というものを自分がどう思っているかさえ、はっきり言葉にできなかった。生活をシンプルにするのは、そんな私にとって自己実現への第一歩だったの」

ダスティはまず、モノを手放すことからはじめて、そのあとで時間の使い方を見直して、「私は自分の時間を使って本当は何がしたいの？　人生を使って何がしたいの？」と自分に問いかけたという。答えを出すには丸1年かかった。もっと言うと、自分のミッションや目標がはっきりしたのは、ほんの1カ月前だという。「モノに邪魔されなくなったら、次に考えなければならないのは、生活のどんな面が自分を不幸にしているのかということと」と彼女は語る。

ダスティには、自分の子どもたちに伝えたいことがはっきりしている。「何よりもまずは経験ね。それこそ、私が子どもたちに与えたいものなの。いろいろな経験をすることで、あの子たちの人生はもっと充実したものになると思うし、思い出は大人になっても生き続けるものだから」。ダスティのこの言葉は、私に自分の子ども時代を思い起こさせた。母、父、それに継父は、折に触れて経験がいかに大切かを私に語って聞かせた。

ダスティはさらにこう続けた。「お金で幸せは買えるけど、それには限界があるわ。私は貧しい家に育ったし、これまでずっと平均水準より下の暮らしをしてきた。平均を上回ったのは今年がはじめて。私は、家族が幸せに暮らしていくには、年収が3万ドルあれば十分だと信じてる。だって、何を隠そう私自身がそうなんだもの。3万5000ドル稼げるようになったら、我が家なら貯金ができるわ。お金が便利なのは、それで経験を買うことができるから。つまり、教育や自分を磨くために投資もできるし、自分が実現させたい目標のためにも役立てられるのよ」

私がブログで読者に対して「経験とお金のどちらが大切だと思う?」という質問を投げかけたところ、他人を助ける、自分の目標を達成する、それに経験をお金で買うことに関して数多くの意見が寄せられた。その一部を紹介しよう。

「お金そのものでは、幸せは買えないと思います。私たちはつい最近、結婚生活はじまって以来の危機に数カ月間直面しました。職を失い、働きたくても働けない状況に追い込まれたのです。結婚して24年になりますが、お金がなくて欲しいモノがほぼ買えない（もしくはそのためにお金を借りなければならない）という事態はこれがはじめてでした。ストレスを感じる日々でしたが、それでも私たちの芯の部分、つまり夫婦としての愛と幸せは揺らぎませんでした」

「お金で幸せは買えないけれど、借金が減ってお金のやりくりがうまくなれば、お金で苦労することはなくなるんじゃないかしら。賢く使えば、もっとストレスフリーな生活が送れるし、それが結果的には幸せをアップさせることにもつながると思う。つまり、お金があれば自由や幸せが手に入るというわけではなくて、大切なのはどう生きたいかを私たちがどんなふうに選択するかなのよ」

「私の経験上、お金がある一定のラインを過ぎると、幸せを買うことはできなくなると思います。どういうことかと言うと、いったん快適な暮らしができて（快適がどんなことを意味するにせよ）、やりたいことができれば（これも前に然り）、もっと貯め込もうとしたところでまったく意味がないということです。10万ドル稼げるか2万ドルしか稼げないか

――確かに、これは雲泥の差です。では、20万ドル稼ぐか10万ドル稼ぐかなら？　もはや、その差で人生が大きく変わったりはしません。経験こそ、幸せが本当に潜む場所です。それはたとえば、遠い場所への飛行機の片道チケットと、その旅で得られる経験。ある程度のお金があれば、そんな経験は可能なのです」

結論から言えば、「生活をシンプルにする」とは、私にとって自分の価値観の上に生活を築くということだ。2つ目のコメントにもあるように、この「シンプル」が何を意味するのかを決めるのはあなた自身だ。だからこそ、私はディー・ウィリアムスの言う、タイニーハウスに住むのは生活を「ダウンサイズ」するというよりはむしろ「スマートサイズ」すること、という考え方が好きなのだ。私がタイニーハウスに住み、必要ないモノを手放してきたのは、そうすることで生活が充実し、満足のいくものになるからだ。つまりそれは、最小限のストレスと最大限の幸せに包まれて生きていくことを意味する。

そのためには、私は自分の価値観を見直し、自分の望むライフスタイルをもっと意識する必要があった。この「意識」こそが、私の幸せの方程式には欠かせないものだった。広いアパートに住んで2台も車を持っていた頃、私の生活のすべての関心は、自分の持ち物をどうやって維持していくかだけに注がれていた。その結果、モノの支払いに消えていくお金を稼ぐために、私は好きでもない仕事に朝から晩まで縛りつけられた。

だが、自分の価値観を掘り下げて考えてみると、私は自分がそんなモノを本当は必要としていないことに気がついた。私は、両親が子どもの頃に教えてくれた何より大切な教訓をそれまでずっと忘れていた。私が本当に望んでいたのは、人や地域とのつながりだったのだ。それなのに、無理なライフスタイルのツケを払ってばかりで生活から豊かさが奪われていた。

これが私にとっての幸せの方程式で、これに気づいたとき、私は自分の欲しいモノと本当に必要なモノとの見分けがつくようになった。重要なのは「今の生活を維持するためにはどんなモノが必要か?」ではなく、「自分は生活から何を得たいのか?　そのためにはどんな生活を築くのがベストか?」ということだ。あなたも、どんなことに価値を置き、それを支えるにはどんな生活を築けばいいか、じっくり考えてみてほしい。私の場合は、人やコミュニティとのつながりや経験に価値を見出した。小さな家に住み、限られたモノで暮らすことで、私は借金を持たない暮らしを築き上げ、そのおかげで今挙げたことに集中できている。

あなたにとっての幸せの方程式とはどんなものだろう?　今のあなたの生活は、あなたの価値観を支えてくれている?　ダスティいわく、長い間正しいとされてきた、でも本当は見直すべき点の多い「幸せ」という概念、つまり物質的な豊かさばかりを追い求めた先にあるその概念を受け入れることは、誰にでもできる。でも、私たちの考え方は1人ひとり違うし、置かれている環境も違う。あなたが良いと思うライフスタイルは、私のものや私の母のものやダスティのものとはまた違うかもしれない。

しかし歩む人生は違っても、ダスティと私の母はどちらも、自分たちを「スマートサイズ」するために意識的に選択を行ってきた。ダスティは今、パートナーと子どもたちとポートランド郊外の70㎡のアパートに住んでいるが、もっと中心街に近くて安くて小さい、45〜65㎡くらいのアパートを探している。そうかと思えば私の母は190㎡の家に住み、自分の持ち物や生活をきちんとするのに躍起になっている。

突き詰めて言えば、「自分の生活をシンプルにする」とは、心を開き、傷つきながらも勇気を持って自分の生き方を定義し直すことだ。2007年のあの日まで、私はタイニーハウスという言葉すら聞いたことがなかったし、まさか自分がそこに住むなんて夢にも思わなかった。これもすべて、ユーチューブで見たディー・ウィリアムスのビデオのおかげだ。驚くほど小さな我が家は、私たちがいろいろな経験に打ち込むために欠かせない資源や時間を提供してくれていて、それがあるからこそ、私は毎日の生活を心から楽しいと思えているのだ。

スモール・アクション

・優先順位をリストアップし、必要なモノと欲しいモノを見分ける

あなたは、どんなモノにお金を使いたいと思っている？　自分が何に収入を使いたいと思っているのか優先順位をつけて、リストアップしてみよう。その中で、欲しいモノではなく、あなたが本当に必要としているモノは何だろう？　これを考えれば必然的に、自分が何に時間を使いたいのかを決めざるをえなくなる。これこそが、優先順位をリストアップするねらいなのだ。

・死ぬまでにやりたいことリストを作る

あなたが死ぬまでに絶対にやりたいと思っていることをリストアップしてみよう。これは、人生であなたが何を大切に思っているかをはっきりさせる1つの手段だ。そのリストは、いくらあれば実現できるだろう？　また、どんなふうに生活を変えれば実現できるだろう？　その中で、もっとモノを買わなくては実現しないことはいくつあるだろう？　新たにモノを買う以外に、同じ心の栄養を手に入れる方法はないだろうか？

・まわりのために自分にしかないスキルや能力を役立てる

私はボランティア活動をする前、自分がぜひ生かしたいと思っているスキルをリストアップし、どうすればそのスキルを自分の町や自分のキャリアに役立てられるかをじっくり考えた。ボランティアは私にとって世界を知る1つの方法で、それが私の基礎になっている。お金を寄付するのもいいけれど、直接ボランティアというかたちで関われば、それとは比べ物にならないほどの満足感が得られる。

第10章　大切なのはモノではなく「人とのつながり」

あなたの思いやりひとつで、その人の人生は輝き出す。

――作者不詳

私の大叔母のマミーは、クラッカー・ジャック〔訳注：アメリカのスナック菓子〕のおまけの小さなおもちゃをたくさん集めていた。おもちゃはまとめて小さな赤い箱にしまわれていて、私は幼い頃、遊びにいくたびにこの小さいけれど特別な箱を見せてくれとせがんだ。そして箱を開けるたび、私は思わず息を呑み、目を輝かせた。箱の中は、小さなおもちゃの海だった。ディズニーキャラクターの人形、ミニチュアの自転車、豆粒のようなサンタ……。私はそのおもちゃが大好きだったが、それ以上に大叔母と過ごす時間が好きだった。彼女はいつもニコニコしていて、どんなときでも私の話に耳を傾けてくれた。

大叔母は私に、本当の意味でずっと幸せでありたいなら、良い人間関係を築くのが大切だと教えてくれた。最近の研究でも、彼女のこの考えは証明されている。たとえば数々の研究により、社会と深く関わることで私たちはより幸せかつ健康になれ、そういう人ほど長生きできることが明らかになっている。大きな幸せを感じている人は社交的である場合が多く、幸せをあまり感じていない人に比べて、恋愛面でもそれ以外の面でも、人とより深く付き合っているのだという。

人間関係は、ないがしろにできないものだ。なぜなら毎日、今この瞬間も私たちを取り巻いているからだ。自分自身、パートナー、家族、そしてコミュニティとの健全な関係は、私たちが成長し、自分を高め、もっと輝くために必要な基礎を作ってくれる。関係が良好なカップルは、1週間当たり5時間以上を会話したり出かけたりして一緒に過ごしている、という研究結果もある。

シンプルな暮らしがもたらした豊かな結婚生活

2011年7月、ローガンと私は8回目の結婚記念日を2人でお祝いした。結婚してからそんなにたつなんてとても信じられなかったし、はじめて出会ったあの日から自分たちがここまで変わるとは思ってもいなかった。私たちが出会ったのは2001年、バレンタインデーの週末に訪れたあるバーだった。

私はその晩、友人のセラに連れられてバーを訪れた。「ザ・ベアー」の中庭のテラス席で過ごすにはもってこいの、ひんやりとした空気が心地いい星のきれいな夜だった。ザ・

ベアーは、私がカリフォルニア州立大学のチコキャンパスに通っていた頃の流行りの場所で、値段も手頃だったし、集まった客を見ているだけでも楽しかった。いつもにぎやかなイベントをやっていて、その中でも私は三輪車レースがお気に入りだった。飲んでフラフラになった大人たちが、バーの1階を子ども用の小さな三輪車で走りまわるのだ。

私は、ローガンをはじめて見た瞬間のことを今でも鮮明に覚えている。友人のデーブの後ろにたたずんでいた彼は、黒のカウボーイハットと茶色の革ジャンという格好で、大きな明るいブルーの瞳が印象的だった。10分もしないうちに、ローガンと私はおしゃべりに夢中になった。その夜の出会いから、私たちはもうひと時も離れていられなくなった。それまで、私は口グセのように「男運がない」と嘆いていたから、まさか自分が結婚するなんて、それも大学の友人たちの中で一番早く結婚することになるなんて、夢にも思っていなかった。

振り返ろうにも、当時の自分が何を考えていたかを思い出すのは難しい。だって、その頃の私は大きなダイヤモンドとショッピングをこよなく愛する〝昔のタミー〟だったのだから。私はそのあと、自分でもびっくりするほど変わり、そして成長した。この11年の間に、私はモノではなく人とのつながりに価値を見出すようになり、より良い人間関係を築くため、自分の生活を懸命に築き直してきた。

まず私が何より大切にしようと考えたのは、夫ローガンとの関係だった。私たちが生活をシンプルにしようと努力したのは、自分たち夫婦の関係を改善するためで、つまりは自分たちの生活と生計の立て方が２人の関係の質を高めることを確かめるためだった。私たちは２人でこれを模索し合った。あるときはローガンが私の背中を押し、あるときは私がリードした。ときには大きな変化を迫られることもあった。タイニーハウスの建築と購入が、その最たる例だ。もちろん、小さな変化もたくさんあった。最大の変化は、借金を完済したことだ。それによって、私たちはお金を稼ぐことばかりを考えなくてすむ生活を手に入れ、私たちの仲は目に見えて良くなった。

　ある意味、ここまでうまく漕ぎつけることができたのは、「自分たちの人生は世間一般が正しいとするレールにちゃんと乗っているか」ということを気にするのをやめたからだ。私たちは、自分たちが望む、自分たちを幸せにしてくれることをここまでやってきて、それが結果的に夫婦の時間を増やしてくれている。たとえばそれは、話したり、一緒にサイクリングやハイキングに出かけたり、コーヒーを飲んだりすることだ。

　私たちは２人とも大のコーヒー好きだ。だから必ず、どちらも起きるとまずコーヒーを飲む。でも、タイニーハウスに住むまでは、ほとんど毎朝コーヒーを一緒に飲んでいたのに、お互いいつもパソコンをしたりブログや本を読んだりして、ほかのことに気を取られていた。

　私たちはタイニーハウスに引っ越してから、その習慣を改めようと決めた。今、私たちは6時から7時の間には起き、ロフトを降りて、コーヒーを小さなコンロで沸かし、朝のコーヒーデートを楽しむ。相手のことだけを考え、2人でいる今この瞬間に意識を集中させる。そのためにわざわざタイニーハウスに住むこともないけれど、しかし実際に良い効果が出ているし、これも私たちが目指すものに対する努力の一環なのだ。それに、朝のコーヒーデートは私の幸せに欠かせない要素になっている。

ローガンと私は夫婦として共に成長していく中で、物理的な空間が自分たちのコミュニケーションの取り方を左右するのに気がついた。デービスの110㎡の広いアパートに住んでいた頃、私たちはお互い腹が立てば、よく別々の部屋に閉じこもっていた。けれども住まいをどんどん小さくするにつれて、夫婦の問題から目を背けなくなった。今では積極的にコミュニケーションを取り、問題が大きくなる前に解決するようにしている。

おまけに生活をシンプルにしたおかげで、ちょくちょく持ち上がっていたケンカの種が取り除かれた。要するにお金、借金、モノで揉めなくなったのだ。2台の車を手放したのが、これまで私たちが達成したことの中でも一番と言えるくらい良かったことだ。なぜなら、そのおかげで借金を完済できたからだ。借金のストレスから解放されると、ケンカはぐんと減り、お金のことで揉めなくなった。それに愚痴も言わなくなった。

タイニーハウスに引っ越すにあたって1つ心配だったのは、お互い1人になりたいときに困るのではないかということだった。でも、これはいらぬ心配だった。私は、ちょっと

〝距離〟を置きたいと思ったときにはローガンを家に残し、1人で長い散歩に出るようにしている。対するローガンは1人で自転車を走らせている。たとえ2人で家にいるときでも、一方がロフトで、もう一方が窓辺のソファで過ごせば、十分にそれぞれのパーソナルスペースを保つことができる。

私たちがコンパクトでシンプルな暮らしを選んだ最大の理由は、お互いのキャリア目標を実現しやすくするためだった。それには、お金の不安を解消するのが不可欠だった。それまでのライフスタイルを変えていなかったら、ローガンは博士号を取得できていなかっただろうし、私は私で同時期に仕事を辞めて、ライターとしてのスタートを切れていなかったと思う。そして、そんなふうに2人同時にそれぞれのキャリア目標を追いかけられていることが、夫婦関係の質を大幅に向上させている。ローガンはこう言っている。「2人一緒に夢を追いかけられているから、毎日をより楽しめているし、お互いにしたいことができているから、それほど疲れたりもしないんだ。本当に、僕たちは恵まれているよ。対立なんてせず、助け合えているんだから」

人間関係を育むことは、私たちの幸せに欠かせない。けれども、ときに自分が持っているモノや自分のライフスタイルが、その邪魔をしたりする。今、あなたの生活には、一緒に何かしたり経験を分かち合うことで、パートナーや家族、友人との関係を楽しんだり、ありがたく思ったりできる時間はあるだろうか？　私たちの朝のコーヒーデートやおなじみになった自転車旅行は、GDP（国内総生産）の数字にはまったく表れてこない。でも、私にはわかっている。夫婦で一緒に過ごす時間があるからこそ、私はライターとしてより多くの作品を生み出せ、コミュニティの一員としてもっと貢献でき、さらに良き友、良き娘でいられているのだということを。

ダスティ・アラブ：常識を破ってみて

私の友人のダスティが生活をシンプルにしようと決意したのは、2010年はじめのことだった。ダスティはまず、「100個チャレンジ」と「プロジェクト333」に乗り出した。洋服が見事に減っていくのを見て、彼女の胸は高鳴った。最終的に洋服は大きなスーツケース2つに収まった。「もし飛行機に載せようと思えば、きっと重量オーバーで超過料金を取られるけど、それでも載せられるのよ」とダスティは言った。

私は思わず笑い、パートナーのアンドリューがこの変化をどう思っているのか聞いてみた。「最初は、彼の持ち物には手を出さないでおこうって決めてたの」とダスティ。ところが、実際にダスティが少ないモノでの生活をはじめると、アンドリューにもそれが魅力的に映った。アンドリューはダウンサイジングというアイデアに納得し、彼の理解を得られたことが2人の関係の向上につながった。「生活をシンプルにしたおかげで、お互い相手を思いやったり、子どもたちのことを考えたりする時間や余裕ができたわ。モノが溢れていた頃は片づけるのに必死で、ストレスだけが溜まっていった。でもモノを少ししか持たなければ、私たちはこんなにも相手のために時間を使えたり、相手に対して寛大になれたりするんだって気がついたの」

「娘さん、つまりエビーに関してはどうしたの？」と私は尋ねた。

「エビーの持ち物は、自分のモノが終わったと同時に取りかかったわ。そこで待っていたのは、非難の嵐」。ダスティによれば、身内の人の多くがおもちゃや子ども用品を手放すことに対して理解してくれず、協力的でなかったのだという。「まだ歩きもしない頃から、彼女は衣装持ちでおもちゃも山のように持っていたの。全部お祝いでもらったものなんだけど、それはそれはすごい量だった。私はおもちゃなどを売って、そのお金で本当に必要なモノを買っていったの。彼女の持ち物が１００個を超えてしまわないうちにね」

そこで私は疑問に思っていたことを尋ねた。「子どものいる人たちからたくさんのメールをもらうのよ。ときおり『（あなたのように）子どもがいない人にはきっとわからないわ』と言われることもあるんだけど、あなたが思うに、子どもがいたらダウンサイジングは現実的に厳しいと思う？」

ダスティはにやりと笑うと、「正直に言っていいの？」と言った。

「もちろん！」私は思わず身を乗り出した。

「私に言わせれば、なにバカなことを言ってるの！　って感じかな。みんな怖がっているだけ。世間にどんなふうに思われるだろうとか、家族や友だちに非難されたらどうしようとか、そんなことを怖がってるのよ。子どもができたとわかったら、世間はあなたに『こうすべき』といろいろなかたちで言ってくるわ。最初の検診で診察室に入った途端、もうモノが待ち構えているの。おむつ用バッグ、粉ミルク、それにたくさんのフリーペーパー。しかも、そんなフリーペーパーの9割が広告やセールス記事。買えと言わんばかりのものか、どう考えても買わないと子どもを育てられないと思わせるものばかりなの」

ダスティはこの話をしたとき2人目を妊娠中で、こんなことを語った。「赤ちゃんのために預金口座を作ったの。生まれたらその報告と一緒に、家族にも友人にも『お祝いはお金というかたちでお願いします』と頼むつもりよ」

「その考えは家族にわかってもらえると思う？」

「いいえ。きっと、またモノばっかりくれると思うわ。でも友だちは、たぶんわかってくれると思う。みんな、私が余計なモノは慈善団体に寄付するだけだと知っているから。それで誰かの気分を害してしまっても、私は気にしない。私の家族は、自分たちの助けを私が必要としていないと思い込んでいて、私が社会のために役立つ努力をしているのがわかってないの。私には、これ以上もうモノは必要ないのよ」

私は、子育て中の親たちに、ダウンサイジングに取り組むコツをアドバイスするとすれば何か聞いてみた。「友だちでものすごくおもしろいやり方を実践している人がいるわ。

彼女は素晴らしいママで、子どもが4人いるんだけど、1年かけてダウンサイジングに取り組んだの。ふだんは腰の低い彼女にしてみれば、ずいぶん思い切った手段に出たと思うわ。ご両親は昔ながらの考えの人で、事あるごとに孫たちへのプレゼントを彼女に渡していたんだけど、彼女はそうさせないように仕向けたの。どうしたかというと、彼女はそれをいつも実家に置きっぱなしにしてきたのよ」

ダスティも、そのやり方を真似しているそうだ。そのうえで、彼女は次のように家族に話しているのだという。「私は、子どもたちにプレゼントをくれるなら、消耗品や大きめの洋服にしてねって念を押しているの。子どもはあっという間に大きくなるでしょ。特に生まれて間もない頃はそう。どんどん大きくなるから、着られないものばかり増えていってしまう。要するに、自分からまわりにミニマリズムを働きかければいいのよ」

ダスティのこの話は、重要な問題を提起している。それは、ダウンサイジングは1人で成し遂げられるものではないということだ。あなたが生活に大きな変化を起こしたとき、その影響はあなたの家族や友人にもおよぶ。

たとえば私の母と継父は、私たち夫婦のダウンサイジングのアイデアを聞いたとき、気は確かかと思うと同時に、心から心配してくれた。2人が心配だったのは、車もなくてどうやって買い物に行くのか、小さい家に移ったら私たちが今まで以上にケンカをするようになるのではないか、といったことだった。私たちはダウンサイジングを進めていく中で、両親とコミュニケーションを取り、自分たちの考えをしっかりと伝え、彼らの気持ちを傷つけないようにするのがいかに大切かを学んだ。

しかしダスティが話したように、家族や友人みんながダウンサイジングに理解を示したり同意したりしてくれるとは限らない。ひょっとすると、両親はそれを自分たちの教育への反抗と捉えるかもしれない。なにもこれは珍しいことではない。なぜならダウンサイジングの大きな目的の1つが、これまでの物質主義に疑問を抱き、自分の価値観に従って生きていくことにあるからだ。

万が一、ダウンサイジングが原因で家族や友人との関係がぎくしゃくしたら、ペースを落とすか、やり方を（相手に応じて）調整してみるといいだろう。私の場合、自分の生活をシンプルにしようと努力したのは、自分にとって一番大切な人との関係をもっと尊重し大事にするためであり、決して溝が深まるようなことは望んでいなかった。

両親と腰を据えて話し合ったのが、私には何よりも効果的だった。最終的に両親は、私たちがシンプルに暮らせば借金から解放され、自由にそして柔軟に夢を追いかけられ、さらに自分たちと過ごす時間も増えることを理解してくれた。言うまでもなく、同居人がいる場合は、その中にもし1人でも反対する人がいれば、シンプルにしようとする行為自体が亀裂の原因になりうる。重要なのは、相手を尊重し、合意点を見出すことだ。

家族にはそれぞれのかたちがあるから、ある家庭でうまくいったケースが別の家庭でも通じるかと言えば、必ずしもそうとは限らない。目指すべきは劇的なダウンサイジングではなく、家族との暮らしや関係がより豊かなものになるようダウンサイジングを行っていくことだ。

私がそれを痛感したのは、継父のメイランとのある出来事がきっかけだった。メイランは工芸が大好きで、よくガレージに何時間もこもって、屋外用の椅子や本棚などいろいろなものを作ってくれた。ローガンと私が結婚したあと、継父はデービスのアパート用にワインラックを作ってくれた。母も、そこに小さなかわいらしいブドウの葉の絵を描いてくれた。ワインボトルを並べておくには、これ以上ないと言うくらい素敵なものだった。

けれども私たちは、そのワインラックをサクラメントへ引っ越したあと手放した。ローガンも私もお酒をあまり飲まないので、ワインラックはほとんど空のままほこりだけが積もり、そのせいでただでさえ狭いアパートが余計に狭く感じられるようになったからだ。それなら、ちゃんと使ってもらえるところに譲ったほうがいい、というのがそのときの私たちが考えたことだった。

それから数カ月たった頃、母からそのことで継父が深く傷ついていると聞かされた。継父は私たちがワインラックを手放したのを悲しく思ったそうで、私自身、あのときの選択は今でも悔やんでいる。私は自分の大切な人のイヤがることはしたくないし、この件に関してはほかにも選択史があったかもしれない。手放すにしても、その理由をきちんと伝えれば、継父の気持ちをそこまで傷つけることは避けられたにちがいない。両親が私たちを心から応援してくれているのを考えれば、当然そうすべきだったのだ。

話を聞かせて

２０１１年のクリスマスシーズン後、私はカリフォルニア州レッド・ブラフに住む両親を訪ねた。レッド・ブラフは小さな町で、至るところでカウボーイの格好をした人が見られ、夕方になればとても美しい夕日が眺められる。この小さな町で生まれ育った私は、今でもここに帰ってくるたびに和やかな気持ちになる。

ある夜、私たちはコーニングに行ったあと、ローリングヒル・カジノまで車を飛ばした。両親はビュッフェスタイルの食事とちょっとした賭け事が大好きなのだ。実は、メイランは昔リノに住んでいて、ギャンブルに手を出しすぎてラスベガスのホテル「ハラーズ」で全財産をはたいてしまったこともあるという。メイランが言うに、「あの頃は、大金を失ってはまた取り戻すの繰り返しだった」そうだ。

ギャンブルはめったにしない私だが、母のあとについてカジノの写真を撮ったり、ブラックジャックをするメイランの姿を見たりするのは楽しかった。帰りの車の中で、私はこう言った。「誰か何か話をして！　眠くなってきちゃった」

するとメイランが、お気に入りの思い出話を１つしてくれた。それはロジャーという、その少し前にガンで他界したメイランの古くからの友人とのハロウィンでの逸話だった。

メイランはいたずらっぽい笑みを浮かべると話しはじめた。

「ロジャーとはじめて会ったのは、小学5年生のときだった。僕らはすぐに親友になった。当時、僕らはどちらもカリフォルニアのロディという、宗教色の強い町に住んでいた。あるとき町のトップ、つまり神父が、ハロウィンのお祭りを日曜から土曜に変更すると決めたんだ。だから当然、子どもたちはみんな土曜の晩に『トリック・オアー・トリート』と言ってお菓子をもらいに出かけたんだけど、僕らはそこで素晴らしいアイデアを思いついた。曜日の変更を知らなかったふりをして、日曜の晩にもう一度お菓子をもらいにいくことにしたんだよ」

「それでうまくいったの？」私は尋ねた。

メイランは思わず笑い出して答えた。「ああ。私たちは日曜の晩も家から家へ、キャンディを求めて訪ね歩いた。すると、なんと代わりにお金をもらえたんだ。ほとんどの家にはもうキャンディが余っていなかったから、代わりにと言って現金をくれたんだよ！　行く先々で『日にちが変わったのを知らなかったの？』と聞かれたけど、そのたびに僕らは『えっ、そんなの知らないよ。ひと言も聞いてないよ』って答えたんだ」

私もメイランにつられて笑い出した。メイランはさらに、高校生の頃のドラッグレース［訳注：直線コース上で停止状態から発進し、ゴールまでの時間を競う自動車競技］の話や悪友たちの話を私に聞かせてくれた。彼の若かかりし日の思い出を聞いていると、私も自然と顔がほころんだ。

そんなメイランは2011年11月、パーキンソン病と診断された。友人のコートニーは私に、メイランと一緒に彼の人生を振り返ってみることを勧めた。そういったこともあって、2011年のクリスマス休暇の間、私はメイランに昔の話を聞かせてとせがみ続けた。彼は、最初のうちは「話をするのは苦手なんだ」と言って拒んだが、徐々に楽しい話や心躍る話をしてくれるようになった。

自分の人生に関して言えば、誰もがみんな素晴らしい語り手であり、そこには話すに値する素敵な物語がいくつもある。でも、私たちはふだんどれくらいお互いの話に耳を傾けたり、じっくり相手と向き合ったりしているだろうか？　私は長い間、それができていなかった。しかし今は、ダウンサイジングをはじめる前にはまるで興味のなかったような話にも耳を傾けられるようになった。

もちろん、生活をシンプルにしたから前より話が聞けるようになったわけではない。けれども、それによって私の意識の対象が変わったのは確かだ。話を聞くことで、私は以前に比べてもっと相手のことを考え尊重できるようになった。そして私が感謝しているのは、そのおかげで母とメイランと一緒の貴重な時間を2011年に持てたことだ。私はその年、クリスマス休暇の間だけでなく、1年を通して2人と豊かな時間を過ごせた。なかでも私が感謝してやまないのは、メイランの話を聞く時間を持てたことだ。なぜなら2012年

1月14日を境に、私たちの間にあったすべてのことが変わってしまったからだ。

人生は「今」がすべて

あれは土曜の朝、時計の針は7時半を指していた。私は早起きするつもりだったのに、その日は雨が降っていて寒かったので、ロフトにあるベッドからなかなか起き上がれずに布団の中でウトウトしていた。母から電話がかかってきたのはそんなときだった。私は電話に出る前からなんだかイヤな予感がしていた。

「今朝、メイランが脳卒中で倒れたの。ヘリコプターでチコにある病院に搬送されたわ」と開口一番、母は語った。

「えっ？　ちょっと待って、嘘でしょ？」私の声は震えていた。

母もまだ気が動転している様子だったが、つい1時間ほど前の出来事の一部始終を説明してくれた。母が目覚めたのは6時半頃で、ふと横を見るとメイランが床で意識不明の状態で倒れていたのだという。母はすぐ911に電話をし、30分もしないうちに消防車が、次に救急車が、そして最後にヘリコプターが到着し、メイランは病院に搬送されたとのことだった。

それまで、メイランが倒れたことなど一度もなかった。私はすぐさま電車に飛び乗ると、チコの病院へ向かった。しかし、7週間にもおよぶ集中リハビリセンターでのリハビリ後も、継父は以前のように1人で歩いたり食事を取れるようになることはなく、視覚にも、さらには脳にも障害が残った。この段階で、彼には完全介護施設への長期の入院が必要なのは明らかだった。

ところが、2人が住むカリフォルニア北部には、彼のような患者を受け入れてくれるところは1つもなかった。そこで母はメイランを自宅に連れて帰り、在宅介護を頼んでリハビリを進める決心をした。今もこの状況は続いており、私たちの願いはただ1つ、家という安心できる場所で十分に休養して、彼の脳の障害が回復することだ。

愛する人が苦しむ姿をそばで見守るのは、言葉にはできないほどつらいものだ。私にできることと言えば、継父の容態の変化に一喜一憂することだけだ。ロベール・ルルーは『The Living End（人生の終着地）』の中で、こんなふうに語っている。「生きてさえいれば、あなたは何だってできる。ちょっと待てよと言いたくなるくらい楽天的に聞こえるのは、自分でもよくわかっているし、こうして書いていても言いすぎかなと思う。しかし、ここで僕が言いたいのは楽天的になれということではない。僕が言いたいのは、人生はときに苦痛を伴うもので、それは僕たちに最高と最悪を同時に知らしめるため、そして僕たちが求めている答えをまったく予想もしないかたちで伝えるためだということだ。だから、どんなに当たり前のように思えることでも、実際に起こってみると思ってもいなかった結果が待っていたりする」

そんなふうな出来事が起こると、あらゆることがはっきりしてくる。私たちが毎日の生活を送っている――うれしいことに喜び、悲しいことに立ち向かっている――のは、いったい何のためだろう？　私たちは誰かと過ごす時間を、お互いの素晴らしい物語にもっと耳を傾けたり、共有したりして心から大切にしなければいけないはずだ。なぜなら、話したくても話せなくなる日がいつか必ずやってくるからだ。

私は、自分が築き上げてきた生活を愛しているし、そのおかげで母と一緒に過ごす時間が取れ、継父の介護の手伝いができていることを心からありがたく思っている。本当に大切なのはそういうこと、つまり何よりもまず人とのつながりを大切にすることなのだ。だって明日のことなど誰にもわからないのだから。

スモール・アクション

ある意味、この本で紹介するアクションプランのほぼすべてが、あなたの関心をモノやお金から人とのつながりに変える手助けとなるものだ。その証拠に、私は借金を完済したおかげでストレスが減り、心をもっとほかの楽しいことに向けられるようになった。仕事を変え、毎日の生活を見直して時間と柔軟性が手に入り、人とのつながりを最優先できるようになった。なかでも、これから紹介する当たり前に思える2つのアクションプランが、私が生活をシンプルにしながら人とのつながりを育んでいくうえで役立った。

・積極的にコミュニケーションを取る

もし家族や友人、パートナーがシンプルに暮らそうとするあなたの試みを理解してくれないなら、まずは話をしよう。自分の決意を打ち明ければ、あなたが大切に思う人もきっと、どうしてあなたがその決断に至ったのかをわかってくれるはずだ。

・大切な人と一緒にやってみたいことをリストアップする

これは、特にお勧めしたい方法だ。ぜひ、あなたが好きなことで家族やパートナーとも一緒にやってみたいものを一度書き出してみてほしい。たとえばハイキング、サイクリング、散歩などでもいいし、コーヒーを飲みながらじっくり話すのでもいい。大切なのは、そのための時間を作ることだ。どうか、明日のことは誰にもわからないということを忘れないでほしい。

第11章　コミュニティとつながる秘訣

ひょっとすると幸せのカギは、この瞬間を長続きさせようとするのではなく、この瞬間を楽しもうとすることにあるのかもしれない。

——ロリー・デシーン（ブログ「Tiny Buddha（タイニー・ブッダ）」運営者）

本棚、ランプ、お手製の瞑想用クッション、『スター・ウォーズ』のオリジナルサウンドトラック（ラストシーンのイウォークたちの歌付き）、キヤノンのカメラ、「楽しい気分になりたいときには最高」だという小さなアコーディオン、靴箱、テラス用の家具、ミニバーベキューセット、膨大な数のハンガー、ゴジラのミニチュアフィギュア15点セット、新品同様のリッカー社製掃除機……。これは、リンゼイ・ホフマンがダウンサイジングの過程で人に譲ったもののほんの一部だ。どれもふつうではお目にかかれないものや素敵なものばかりで、私ならきっと手放すのが惜しくなっていたと思う。もし持っていたら、の話だけれど。

ディナーを一緒に取りながら、リンゼイは私に、自分のダウンサイジングの道のりを語ってくれた。きっかけとなったのは、今彼女が抱いている「アメリカ中のインテンショナル・コミュニティを1年かけて旅してまわりたい」という強い願望だった。それは、彼女が「100個チャレンジ」に取り組んだことで強固なものとなった。

リンゼイはこう振り返った。「あのチャレンジにはワクワクしたわ。まず、家にある自分のモノを全部リストアップしようとしたんだけど〝あれっ？〟って思った。自分がどんなモノを持っているのか思い出せなかったのよ。それでモノを減らしても大丈夫だと気づいた。そうして2010年2月に真剣にダウンサイジングに乗り出して、例の旅に出る決心をしたの」

リンゼイは、その理由をこう語った。「変化を求めていたの。というのも、私はキャリアも十分な収入も好きな町での暮らしも、ずっと追い求めていた生活を全部手に入れて、自分が望んでいると思っていた人生を生きていたのに、幸せになれなかったのよ。そんなとき、シェイン・クレイボーンの『The Irresistible Revolution（抵抗できない革命）』という本を読んだの。その中でシェインはインテンショナル・コミュニティについて触れていて、私はそれが実際にどんなものか自分の目で確かめたくなった。コミュニティこそ、自分の生活の中で欠けている部分だと思ったわ。言ってみれば、私は自分のチームを持っていなかったの」

コミュニティの一員になるために、わざわざ特定の生活共同体、つまりコミューンに属したりする必要はない。インテンショナル・コミュニティは、あくまで同じ考えを持つ者同士が、同じ目的のもとに集まって組織されるものだ。ローガンも私もたくさんのコミュニティに属しているが、その中にはフォーマルなものもあればそうでないものもある。インテンショナル・コミュニティには、たとえばサイクリスト、作家、タイニーハウスに住む人で作る集団なども含まれる。

このような共同体は、友情や励ましをはじめ、これまで私たちにいろいろなものを与えてきてくれた。私たちが自分たちのライフスタイルを見直しはじめた頃、コミュニティの与えてくれる支えこそがカギだった。リンゼイ同様、私もここに至るまでに、幸せと自分が身を置くコミュニティには密接なつながりがあることを学んだ。なぜなら、誰もが何かの一員であるという思いを抱いていたいからだ。

デザートを食べたあと、2人で紅茶を飲んでいると、リンゼイはこう語りはじめた。「持っていたたくさんのモノが、私をある意味、あまり良くない過去に縛りつけていたの。その中には楽しい思い出をたくさん呼び起こしてくれるようなモノもあったけれど、モノというかたちでその思い出を持っておく必要はない。私は今、どんどん前に進んでいけるような気がして、とっても身軽よ。どこまでやれるのか自分でも楽しみだわ。まるで玉ねぎの皮をむいているみたい。ひと皮むけるたびに、また1つモノを手放すことができるの」

リンゼイ自身、旅が自分をどこに連れていってくれるのか予想もつかないという。計画しているのは、1年という期間と、時間が許す限りたくさんの場所を訪れたいということだけだ。ダウンサイジングに関して、彼女はこう述べた。「私は今とっても幸せよ。だって、モノを手放せば手放すだけ、心がどんどん軽くなっていくんですもの」。彼女は今、巡礼の旅に乗り出す準備を進めている。自分にぴったりのコミュニティという、私たちが手にできる大切なものの1つを求めて。

自分たちにとってのインテンショナル・コミュニティを求めて

ローガンと私が生活をシンプルにしようとしはじめたのは、カリフォルニア州デービスに住んでいる頃のことだった。そのあと、私たちは同じカリフォルニアのサクラメントに移り、最後には今のオレゴン州ポートランドに落ち着いた。当初、私は新しい土地に移りさえすれば幸せになれると思っていたが、それは間違いだった。それに、引っ越すたびに新しい友だちを作ったり、新たなコミュニティになじんだりしなければならず、これがけっこう大変だった。でも引っ越しを重ねるにつれ、2人とも自分たちに合う、支えとなるコミュニティとの関係を築くのがうまくなっていった。

デービスからサクラメントへ移る決断には、勇気がいった。私たちはデービスに3年間住んでいて、住み心地も良かった。自転車専用道路もあったし、公園もスーパーも気に入っていたし、おまけに駅へのアクセスも良かった。私はスイミングチームにも入っていて、デービスの広々とした田舎道を自転車で走るのも大好きだった。

私たちがサクラメントへの引っ越しを決意したのは、ダウンサイジングの一環としてのことだった。私には職場まで徒歩か自転車で通いたいという思いがあり、それに今より小さな10坪（約40㎡）ほどのアパートに引っ越せばもっとモノが減らせると思った。さらに、私たちはたくさんの借金を抱えていたので、サクラメントの家賃が安いアパートに引っ越せば、少しは早く借金を返せるとも思った。

とはいえローガンも私も、大きな町に引っ越すのが怖かった。2人とも小さな町で育ったし、絶対に幸せになれるという保証もなかったからだ。それでも、生活環境を変えるというアイデアは私たちの心をとらえて離さなかった。サクラメントに引っ越したからといって、自分たちの探し求めているものが見つかるとは限らないが、私たちはとにかくやってみようと決意した。

不安を押しのけて引っ越しに踏み切ったのは、結果として正解だった。新しい住まいはサクラメントの中心街にあり、職場まではほんの1・5キロほどだった。アパートは、スペインの街並みを思い起こさせた。外観は明るいピーチ色で、みんなでバーベキューができる小さな中庭もあった。今考えてみると、あそこがこれまで私が住んだ中で一番と言えるくらい素敵なアパートだったと思う。それもすべて、親切なご近所さんに恵まれていたおかげだ。

でも、もしローガンと私が意識して近所付き合いをしなければ、彼らがどんなに親切かを知ることは絶対になかっただろう。ほとんどの場合、私たちが知っていると思っているのは、近所の人のうわべの部分だけだ。本当にその人を知ろうと思えば時間がかかるし、私たちはそのために進んで時間を割いたり努力したりしようとはなかなかしない。

振り返ってみると、デービスに住んでいた頃もコミュニティはたくさんあった。ただ、2人ともそれに関わる時間を持とうとしなかっただけだ。だからこそサクラメントに移ったとき、ローガンと私は積極的に新しい友人たちと親睦を深める努力をしていこうと決意した。そこで私たちは頻繁にパーティーを開いたり、近所の人たちを夕食に招いたり、一緒に幾度となくサイクリングに出かけたりした。今思い出しても本当に楽しかった！コミュニティへの帰属意識は、残っていた車を手放すと一層強まった。ローガンと私は、サクラメントの自転車同好会のメンバーになり、仲間たちと週末にサイクリングに出かけるようになった。

こうして引っ越してから半年もしないうちに、私たちはサクラメントの町が大好きになっていた。友だちの輪が広がり、強い帰属意識が生まれたからだ。それなのに私たちは相変わらず、どうすればもっと自分たちの生活をシンプルにできるかを話し合っていて、タイニーハウスに住むというアイデアに心を動かされるようになった。そしてついに、もう一度引っ越ししよう、ポートランドに引っ越そうということになった。

前述のように、私たちにとって大平洋岸北西部に住むのは長年の夢だった。気候が良く、サイクリングの文化が浸透していて、そのうえ現にタイニーハウスに住んでいる人たちのネットワークが存在していたからだ。

サクラメントでの暮らしは何かと便利だったし、2、3時間車を飛ばせば家族に会いにいくこともできた。それに、私はCALCASAでの性的・家庭内暴力被害者のサポーターの仕事を辞める必要もなかったし、頼りになるネットワークもあった。それでもポートランドへ引っ越すという案は、繰り返し私たちの会話の中に出てきた。

2008年末、私はブログをはじめて1年を迎えていた。そして2009年にタイニーハウスのワークショップに参加したあと、私たちはポートランドに移住する決心をし、自分たちのタイニーハウスの建設をディー・ウィリアムスとケイティ・アンダーソンに依頼したのだ。

私には、このままサクラメントにいれば自分が書くことを仕事にしないのがわかっていた。CALCASAでのやりがいのある仕事を手放す理由など1つも見つからなかったからだ。健康面でのメリットもあったし、給料も申し分なかったから、そんな恩恵を手放すのはかなり勇気がいっただろう。

フリーランスライターの仕事をはじめ、さらに住み慣れた土地を離れるのは、またしても私にとって、プラスになるけれど精神的に大変な挑戦になりそうだった。私は積極的になる必要があった。そしてこれは仕事面だけでなく、新しいコミュニティに対しても求められた。

いざ実行へ

私が第5章でも触れた、ポートランドを拠点とする団体「リビング・ヨガ」の存在を知ったのは、サクラメントを離れる前だった。リビング・ヨガは、ヨガを「服役中の人や、ドラッグやアルコール中毒でリハビリ関連施設にいる人たちに自己成長の助け」として教える非営利団体で、私は直感的に、この団体でボランティアをしたいと思った。私がつながりを持ちたかったのは、まさにそんなコミュニティだったのだ。

２０１０年2月、ポートランドに移ってすぐに私はリビング・ヨガのボランティアコーディネーターであるナンシーにコンタクトを取り、どんなかたちで力になれるかを尋ねた。するとナンシーはこう答えた。「そうね、先生というかたちでは募集してないの。でも、オフィスワークならいつでも大歓迎よ。よければ一度来て話さない?」その結果、私は２０１０年と翌年の丸2年間、リビング・ヨガのオフィスでボランティアに精を出した。積極的に地元のネットワークに参加して、同じ考えの人たちとつながりを持つことは、私がポートランドに落ち着く際の不安を和らげてくれた。

会社勤めをしている間、私は何かと理由をつけてボランティアをしてこなかった。そんな時間は、どこにもないように思えた。でも家に帰ったあと、テレビを見たりネットサーフィンをしたりする時間は十分にあって、そのあとは決まってぐったり疲れるだけだった。一方で、その頃には人を助けると自分の気持ちまで良くなることに気づいていた。そうしてボランティアは、私が孤独を感じないために、そして目的意識を持つために欠かせないものになっていった。コミュニティとの関係を育むのは、それほど難しいことではない。必要なのは、やる気と努力だけだ。ヒンドゥー教の教えのとおり、「真の幸せとは他人を幸せにすることの中に存在する」のだ。

リビング・ヨガのスタッフたちを通じて、私は自分と同じ考えを持ったたくさんの人たちと出会うことができ、のちに彼らは私の大切な友人になった。リビング・ヨガでのボランティアは、他人を助けたときに誰もが感じる温かくて穏やかな気持ちを私の中にさらに芽生えさせてくれた。

人との強いつながりは、幸せで健康的な生活を送るうえで欠かせないものだ。そして強いきずなは、私たちが積極的に求め育んで得られるもの、つまりは人や自分の属するコミュニティの役に立とうと意識的に努力することで得られるものだ。第3章でも紹介した環境活動家のアニー・レナードによれば、「私たちはコミュニティの一員として、あるいは一市民として行動を起こしたとき、より広く物事を捉えることができる。自分の起こす行動の影響を考慮するので、変化を起こす手段に関しても、より幅広い考え方ができるようになる」のだそうだ。

そのためには社会とのつながり、つまり社会学者の言うソーシャル・キャピタル［訳注：信頼関係や社会的ネットワーク］を強固なものにしなくてはならない。数々の研究により、人は困難な状況に置かれるとお互いに助け合うことでどうにか持ちこたえ、成長しようとすることがわかっている。だからこそ、まわりの人やコミュニティとの関係を育むのが何より大切なのだ。

その例として挙げられるのが、5人の女性のボランティア活動を3年間にわたって追ったある小規模な実験だ。5人の女性たちは多発性硬化症で、彼女たちには「同じ病気に苦しむ仲間の相談相手」としての任務が課せられた。ボランティアを行うにあたり、女性たちには上手な話の聞き方のコツが伝授され、各患者に月に一度電話で話をするよう促された。この活動を続けた結果、ボランティアの女性たちは優越感や自分ならできるという自己効力感を抱いたと報告し、さらに人生の満足度まで高まった。つまり、幸せは社会的なネットワークを通して広まっていき、そのネットワークには近所、家族、友人なども含まれるのだから、これは非常に喜ばしいニュースと言えるだろう。

たいていのリサーチで、ボランティア活動を実践することで幸せを高められることが指摘されているが、自分の信じるもののためにお金を使っても幸せは高まる可能性があるらしい。これは、研究者たちの間では「プロソーシャル・スペンディング」〔訳注：積極的に社会のためにお金を使うこと〕と呼ばれている。たとえば、ブリティッシュ・コロンビア大学の研究者たちは、学生たちに少額のお金を与えたのち、無作為にそのお金を他人のために使うグループと自分のために使う2つのグループに分け、それぞれの幸福度を調べた。その結果、他人のためにお金を使ったほうが、自分のためにお金を使うよりも幸せを感じることが明らかになった。

お金と時間、どちらを捧げるにしても、人を助けることが社会的な関係におよぼす影響は非常に大きい。私の場合、ボランティアを通して帰属意識や新たな友人関係、それに目的意識を持つことができている。ボランティアこそ、ひょっとするとインテンショナル・コミュニティを築き、それに参加するための最も手っ取り早い手段なのかもしれない。

弱さを受け入れ、共感する

私はポートランドに引っ越してきた当初、本当にひとりぼっちだった。ローガンがまだ博士号を取得していなかったので、私たちは半年間、離ればなれで暮らしていたのだ。もともとは、ローガンは2010年1月に博士号を取得できるはずだったが、諸事情により卒業が夏まで延びてしまった。私たちが会えるのは週末だけだったので、私は自ら進んで友だちを作らざるをえなくなった。私はそういうことが得意なタイプではなかったので、なかなか踏み出せず臆病になっていた。でも、いくら夫が頼りになるからといって、自分の友だち作りまでお願いすることはできない。私は自分からコミュニティに飛び込んで、友だちを作る必要があった。

リビング・ヨガでのボランティアはその第一歩で、私はほかにももっと何かしたかった。そんなとき、ブログの読者が「ＳＨＩＦＴ（シフト）」という団体のＵＲＬを送ってくれた。ホームページを見ると、そこには次のように書かれていた。

「ＳＨＩＦＴは、ポートランドの独創的な自転車文化をイベントやその他の楽しい活動を通じて広めるのをモットーに、自転車の素晴らしさを広く社会に伝えていくことを目指しています。自転車好きが大勢集まる、ゆるくてざっくばらんな集団なので特別な資格もいらなければ、会費もいりません。必要なのは自転車に対する誰にも負けない熱い思いだけです。自転車はおもちゃ、乗り物、そして社会や環境を変えるツールです！　ＳＨＩＦＴは、この思いを分かち合えるすべての方々の参加を心よりお待ちしています」

私がこの言葉を聞いて心を動かされないわけがなかった。カリフォルニアにいた頃、ローガンと私は自転車オタクへと変貌を遂げ、車を手放してからは、はるばるポートランドの自転車同好会にまでちょくちょく顔を出すようになっていたのだ。私は自分の安全地帯から一歩踏み出して、ＳＨＩＦＴの活動に参加する決心をした。ＳＨＩＦＴのイベントカレンダーによると、ポートランド・ペダル・バイクツアーという団体が、金曜の夜に自転車で市内観光をするイベントを開催する予定だという。その参加申し込みのメールの送信ボタンを押すとき、心臓が口から飛び出そうになった。1人で何かに参加して見ず知らずの人と話をしたりするなんて、考えるだけでもゾッとした。

待ち合わせ場所に行ってみると、すぐに何十人という人たちに囲まれた。サイクリングツアーは、ポートランド南西部にある5つの美術館をめぐるというもので、ツアー後にはピザとビールによる打ち上げの席も用意されていた。このイベントは本当に楽しく、「またコーヒーでも」という誘いをいくつか受け、終わってみると新しい友だちが何人かできていた。私が自分の安全地帯から踏み出し、がんばって知らない人と関わろうと努力できたのは、自分をさらけ出したいという強い思いからだった。

弱さと共感――この2つは、私の胸に折に触れては浮かんでくる言葉だ。弱さと共感は言ってみればコインの表と裏のようなもの。たとえば私は自転車を愛してやまないから、ポートランドの自転車コミュニティに強く共感し、そのおかげで自分の弱さを克服できた。逆に言えば、共感するためには自分の弱さをさらけ出さなければならないのだ。不安から目を背けてはいけない。目を背けなければ、不安は私たちに行動を起こさせてくれる。つまり、自分の望む世界を実現するために、人を助けたり支えたりするようになるのだ。

人と直接会い、時間を共有してはじめて、本当のきずなや友情、それに助け合いの心は生まれる。私にとってコミュニティとは、近づく、悩みを分かち合う、そして実生活において責任を持つことを指す。コミュニティはあなたが困難に見舞われたとき、あなたを支えてくれる。この点をもっとよく知ってもらうために、ここでブログの読者から寄せられた体験談をいくつか紹介しよう。みんなコミュニティとつながりを持って、この先もきっとプラスの効果を与えてくれるであろうプロジェクトに取り組んでいる人ばかりだ。

「今年の夏、私はカリフォルニア南部のボイルハイツ地区でコミュニティ・ガーデンを作るお手伝いをしました。地元カリフォルニア州モンテベロの住民たちで作るボランティアの一員として参加し、私は自転車専用道の花壇を担当しました。自分でも本当によくやったと思いますし、今は〝これで目標ができた！〟と思っています」

「私は友だちと一緒に、『自炊をする会』を結成したの。友だちの輪も広がっているし、(それまで私にとっては当たり前だった）外食と比べても経済的。おまけに、このサークルのおかげで、友だちにいろいろなことを相談して解決できるようになったわ」

「私は、特に心に響く瞬間というのは、相手と1対1で向き合えたと実感できたときだと気がつきました。たとえばブログ、ツイッター、フォーラムを通してのことであっても、それはとても個人的で意味のあるものです。なぜなら、2人だけの間で、アイデアや認識の交換がなされ、相手を理解しようとするやりとりが行われるからです。私はボランティアをそんなふうに1対1で、つまり相手と同じ目線に立って行っています。これこそが、私が心からつながりを感じられる手助けをしてくれているものなのです」

ヒューストン大学の社会福祉学教授ブレネー・ブラウンは、『I thought It Was Just Me（ありのままの自分を受け入れる）』の中でこう述べている。「私たちの内側から湧き上がってくるのは、人間本来の欲求である、何かに属したい、関わりたいという気持ち。私たちはつながらないと生きてはいけない。これはもう人間の性《さが》なのだ。幼児の頃、私たちがつながりを持とうとするのは生き残るためで、成長するにつれ、つながりは感情的、肉体的、精神的、そして能力的な繁栄を意味するようになる」。つまりは、私たちの誰もが受け入れられ、何かに属し、ありのままの姿を評価してもらいたいと願っているということだ。そしてコミュニティは、そんな願いを叶えるうえで私たちを助けてくれる。

言ってみれば、心を開いて人とつながるのがシンプルに生きることであり、それは注意深く意識的に生きるために自ら目的を見つけ、自分の弱さをさらけ出し、共感し、コミュニティを求める意欲があるのかを絶えず自分に問いかけることなのだ。

スモール・アクション

・モノをシェアしたり借りたりしてみる

たとえば最新の工具や電子機器に飛びついてお金を使う前に、そういったアイテムを借りることはできないか考えてみよう。シェアリングを提供するさまざまな団体が、今アメリカ中にできている。たとえば、機械を専門に扱うところ、自転車を専門に扱うところ、さらには前述のように車を専門に扱うところもある。シェアできるのはモノだけとは限らない。家族や友人に、子どもやペットの世話、あるいは庭の手入れなどで自分が役に立てることはないか尋ねてみよう。お互いの時間や資源を提供し合えば新しいモノを買わなくてすむし、おまけにまわりの人との価値あるつながりを生むこともできる。

・ボランティアに参加する

私がお勧めしたいのは、地元のボランティア情報にアクセスしてみることだ。もちろん、ボランティアと名前がついていなくても、ボランティアになりうる。たとえば、地元でイベントを開催する友だちの手伝いをするのもボランティアだし、もっと言えば、同僚の話を聞いてアドバイスするのだってボランティアだ。

・近所の人と親しくなる

なんだか寂しいなと思ったときは、次から思い切ってご近所さんを訪ねてみよう。クッキーを手土産に訪ねたら、「今度ウチに夕食にいらしてください」と誘ってみよう。近所付き合いこそコミュニティの代表格だ。

・車を手放す、もしくは乗る回数を減らしてみる

私の場合、車を手放してからコミュニティとの関わりが活発になった。最初は、車を売れば社会生活に不便が生じると思っていた。でも、実際はその逆だった。今では地元の自転車同好会のメンバーになり、サイクリングのたびに自転車を愛する仲間たちとつながりを持つことができている。

・「市民力」という名の筋肉を働かせる

市民としての力を活用すれば、いろいろなレベルにおいてコミュニティとのつながりが促進される。あなたが住む町に、あなたがぜひとも解決したいと思うような問題はないだろうか？　立ち上がって、その問題の解決に乗り出そう。忘れないでほしいのは、あなたがコミュニティを必要としているのと同じように、コミュニティもあなたを必要としているということ。アニー・レナードは、あるブックトークの席でこう述べている。「あなたの『市民力』という名の筋肉をもう一度動かせば政治参加がよみがえり、私たちがこの星で直面している重要な問題に対して、民意を反映した真の答えを引き出すことができるのです」

第12章　小さな喜びが持つ力

自分だけの幸せを手に入れたいと願うなら、しつこいくらいに追い求めなければならない。そしていったん手に入れたら、何があっても手放してはならない。どんな手を尽くしてでも、その幸せのもっと上を目指して休むことなく泳ぎ続け、そこに浮かんでいられるようにならなければならない。

——エリザベス・ギルバート（アメリカの作家）

溶けだしたチョコレートアイスが、私の手をゆっくりつたう。どうやらコーンに穴が開いてしまったみたいで、急いで食べても全然追いつかない。今や手はチョコレートまみれで、私は思わず笑い出した。でも私はそんなのおかまいなしに、ローガンを通りの角にある花屋さんまで引っ張っていった。どの花もとってもきれいで、私は1本欲しくなった。

ローガンは信じられない、といった様子で首を横に振るとこう言った。「君が花に興味があったなんてびっくりだよ。昔はプレゼントしても、見向きもしなかったのに。花にお金を使うなんてもったいない、って言ってたんだよ」

　私はベトベトの手でボルドー色のシャクヤクを1本手に取ると、うっとりと見つめた。店員さんが「99セントよ」と声をかけてくれた。99セント！　それまで私は、切り花は絶対に買わないようにしていた。萎《しお》れていくのを見ると、悲しい気持ちになったからだ。けれどもその春の日、私が手にしたシャクヤクの花は、私をなぜだか幸せな気持ちにした。たたずまいも、香りも、色も、すべてが私には愛おしく思えた。私はいつもと違うことをしようと決めて、その花を買った。

　私は帰宅すると、花を小さなガラス瓶に入れて、新鮮な冷たい水をたっぷり注いでやった。私は毎朝、少しずつつぼみが開いていく様子を見守り、その美しさを刻み込むように、毎日カメラに収め続けた。すぐに花は満開になり、どこかの女の子がプロム［訳注：高校の卒業記念ダンスパーティー］につけていくような可憐《かれん》なコサージュみたいになった。

　人間は、どうすれば自分が幸せになれるかを予想するのがとっても下手だ。私たちは考えに考えて、やっと計画を実行に移そうとする。実際、私も山ほどの時間を頭の中だけで繰り広げられる将来に費やしてきた。そのため私は、あまりにも頻繁に「今」というこの瞬間を無視して、小さな喜びを見逃してしまっていた。私が自分の生活をシンプルにしようとした大きな理由の1つは、その方程式を「今この瞬間∨明日」に置き換えるためだった。私たちには、未来はわからない。10年後、どんな生活を送っているかなんて見当もつかない。でも、今目の前に置かれたものを味わうことならできる。好奇心のおもむくままに、そのときを最大限に楽しむことならできる。

トッド・カシュダンは先にも紹介した『頭のいい人が「脳のため」に毎日していること』の中で、こう述べている。「世界共通とも言える〝幸せになりたい〟あるいは〝少なくとも今より幸せになりたい〟という思いを私たちが抱くとき、何が幸せに貢献してくれるのかに関して私たちは驚くほど無知である」

カシュダンの研究からは、絶えず新しい情報や経験を探し求め、それを生活に組み込めば、脳に新たな経路が形成されることが明らかになっている。これは私たちにとって吉報だ。なぜならそれは、悪習慣は変えられて、それによりもっと幸せになれることを意味するからだ。たとえば、人と議論するのと言葉が大好きというだけの理由で、私の祖父のオットーは、よく辞書をパラパラとめくりながら、知らない単語を探して自分の語学力を高めていた。辞書を読むことで祖父は好奇心を解放し、自分自身を高め、新しいアイデアや話の種を開拓していたのだ。

私は、シャクヤクの花を買った日のことを振り返るたびに、アメリカを代表する劇作家ソーントン・ワイルダーの言葉を思い出さずにはいられない。「私があなたに言えるのは、〝なぜ〟とか〝なんのために〟などと考えず、ただ目の前のアイスクリームを、目の前にあるうちに楽しみなさいということだ」

これ以上何もいらないと思えるくらい満ち足りた瞬間が、ありふれた日常の一場面にも必ずある。そして、その瞬間を味わうことが幸せになるためには不可欠なのだ。幸せに関する研究からは、毎日を楽しめる人のほうが、そうでない人と比べて神経過敏になりにくく、自信も持っていることが明らかになっている。ベルギーの研究チームの報告によると、小さな喜びを味わう能力は裕福な人ほど低く、「何でも経験できる状態に常にあると、幸せを損なう恐れがある」というのだから興味深い。さらに研究チームによれば、人は何にでもすぐに適応できるけれど、小さな喜びにはなじみにくく、それはどうしても小さな喜びが予期できず、毎回違うかたちで起こるからなのだそうだ。

幸せは、突然降ってくるものではない。幸せは、言ってみれば自分自身で毎日実践するものだ。どうやって？　まずは、自分の好奇心が刺激されることを見つけて、今この瞬間にのめり込んでみよう。たとえば、私の場合ならそれは大好きなヨガの練習。肉体と精神への集中は、私を幸せな気分にしてくれる。ひょっとするとあなたが楽しいと感じるのは、手紙を書いたり、本を読んだり、長い散歩に出かけたり、友人と会って話をしたりすることかもしれない。そしてたまには立ち止まって、ゆっくり花の香りをかいでみてほしい。

シンプルライフには、いろいろな価値観がある。それは、小さな思いやりに気づく、社会とのつながりを深める、感謝を言葉にする、まわりに目を向けることなどを指す。さらに、小さな喜びにお金を使うのだって、その価値観の1つなのだ。

思いやりの連鎖反応

私は20代半ばの頃に働いていた性的・家庭内暴力の被害者支援団体で、ボランティアコーディネーターの仕事もしていた。ボランティアの人たちと一緒に働くのは、自分でも信じられないほど幸せな体験だった。

彼らは、私たちの団体のために何百時間という時間を捧げ、ホットラインの対応や、被害者たちの法廷への付き添い、さらには施設の子どもたちのために工作教室を開いたり、毎年恒例のイベントに向けて募金活動を行うなど、とてもここには書き切れないほど尽力してくれた。そんなエネルギッシュなボランティアの人たちとの仕事は、私の大きな励みとなった。なぜなら彼らのおかげで、団体の中に、そして彼らが支援する女性たちの間に、思いやりの心が波及していったからだ。

私は毎日痛ましい体験談を耳にして気落ちしていたが、一方で女性たちが徐々に自分の生活を築き直し、喜びと幸せをもう一度発見する姿を見る機会にも恵まれていた。私はソニア・リュボミアスキーの言う、「トラウマに恩恵を見出す」人たちの目撃者になっていたのだ。リュボミアスキーはこれを「喪失やネガティブな出来事の中にもなんらかの価値を見出すことであり、たとえばそれは人生観の変化、命を以前より尊いものだと感じるようになる、自分の成長を実感する、といったことである」と述べている。私が関わっていた女性の多くが苦しみ、悲しみ、絶望に直面していたけれど、それでも彼女たちは、生活の中のポジティブな出来事にも同じように目を向けていた。

この仕事を経験したおかげで、私は今でも自分に与えられたものに感謝することを心がけられている。その与えられたものとは、たとえば家族、友人、そして素晴らしい人生の伴侶を指す。私が家庭内暴力や性的暴力に勇敢に立ち向かう人たちと仕事をする貴重な機会を得られたのも、資産運用の仕事を辞めたからこそだった。

暴力の被害に遭った人たちと仕事をして、私の世界観は変わった。この経験は私を良い方向に伸ばしてくれ、そのおかげで思いやりや社会的なサポートがどれだけ大切かに気づけた。社会的なサポートは、幸せで健康的な生活を送るには不可欠なものだ。関わった被害者たちの多くが、頼りになる親しい家族や友人がおらず、私たちの団体が代わりにその役割を果たし、頼みの綱になっていた。

さらに、私が家庭内暴力や性的暴力の被害者たちの支援に携わって気づいたのは、人は他人にはとても察することのできないほどのやりきれない思いを抱えて、毎日を過ごしているということだ。たとえば今、私は失礼な接客を受けたり列に割り込まれたりしても、できるだけ穏やかにしているよう努めている。思いやりの心を持って人の役に立つことには、小さな喜び以上の価値がある。そこで得られる喜びは計り知れないし、私の人生に意味を与えてくれている。そのうえ、思いやりを手に入れるのにお金はいらない。私にとって思いやりのある行動とは、相手に対する感謝の気持ちを表現することであり、それにより私は、ますます自分に与えられたものへの感謝の気持ちが強まっている。

私はブログの読者に、どんなふうに小さな思いやりを毎日の生活で表現しているか尋ねてみた。すると、たくさんの興味深いコメントが寄せられた。

「幼い頃、父は私たち兄弟にある自分の体験談を聞かせてくれました。幼い頃から思いやりの心を持つことがいかに大切かを教えたかったのです。父は若い頃、短気ですぐカッとなる性格だったそうです。ある日、デートで映画館に行ったとき、彼女がポップコーンが欲しいと言い出しました。2人が座っていたのは列の中央、まわりはほかの観客たちでいっぱいでした。父が前を通ろうとすると、みんな通りやすいよう足をどけてくれたので、父はなんなく通路までたどり着けそうでした。しかし、列の一番端に座っていた若い男性が動こうとはしませんでした。そこで父はみんなに聞こえるようにこう言いました。『どうぞ、おかまいなくそのままで。この野郎！』そう言い捨てると、父はその男性をまたいで通路に出ました。そして映画が終わったとき、父は案内係がその野郎のもとに車椅子を持ってきて、彼を抱きかかえて乗せるのを目にしたのです。誰にそんなことが予想できたでしょう。私はこの話から学びもしましたが、同時に自分のそんな行いを打ち明けてくれた父を立派だとも思います」

「子どもたちへのボランティアをしていて私が何よりうれしい瞬間は、子どもたちが駆け寄ってきて、私に抱きついてくれるときです。そうされると、なんらかのかたちで自分が彼らの役に立てていると思えて本当にうれしくなります。子どもたちは気づいていないけれど、温かな触れ合いですごく幸せな気持ちになっているのは、実は私のほうなのです」

「あれは数年前（まだ私が貧乏学生で学費を稼ぐのに明け暮れていた頃）の話。私は本当に余裕がなくて、1日たりともアルバイトを休めなかったの。あの日はちょうど、吐き気のするような、もう私の人生はこれでおしまいって思うような出来事があった翌日で、それでも私はいつものように店でサンドイッチを作ったりオーダーを取ったりしていた。けれども、その日は涙をこらえて、どうにかそこに立っているのがやっとだった。そんなとき、態度のでかい常連客の女性が我が物顔で入ってきて、まだ何も聞いていないのにあれこれ注文しだしたから、私は、今は手が離せないので自分の番が来るまで並んで待っていてくださいって返したの。すると女性は私に罵声を浴びせ、上司に苦情を言いにいった。本当に死にたい気分だったわ。だから私はこう思うようにしているの。誰かにイライラしたときには、『その人の人生に何が起こっているのか私にはわからないじゃない。だったら少し見守らないといけないわ』って。あの女性は、私の人生で一番つらい日にちょっと水を差したにすぎない。でも、私は相手にそんなこと絶対にしたくないの！」

運動がもたらす幸せ

若い頃、私はスキー場に足しげく通っていた。実は父と母が出会ったのが、タホ湖畔にある小さなリゾート地ホームウッドのスキー場のリフトの上だったから、私がどんどんスキーにのめり込み、凍えそうな寒さを心地いいと感じるようになったのも当然かもしれない。寒さと雪への愛は、私の遺伝子に組み込まれているのだ。

私は家族とのスキーにまつわるすべてを愛していた。パトロール小屋で父と一緒にのんびりホットチョコレートを飲むのも大好きだったし、宝石みたいにキラキラ輝くタホ湖を見るのも好きだった。でも何よりも私はスキーそのものを愛し、それを家族でできるのがうれしかった。決まって、父と私が競争しながら滑り降りて、あとから母が追いつくのを待っていた。

何年間も競争心と楽しみのためにスキーに明け暮れたのち、私はぱたりとスキーをしなくなった。スポーツが、私にはもはや楽しいとは思えなくなったからだ。それどころか2004年、デービスに住んで資産運用会社で働いていた頃には、私はちょっとしたエクササイズさえしない毎日を過ごしていた。

それがきっかけで、私は運動と幸せの関係についていくつか大切なことを学んだ。自分の体の声を聞かず、運動をしないでいると、イライラしたり疲れやすくなって効率が落ちてしまうのだ。そうなると、良いものを生み出したり、人に何かしてあげようと思えなくなってしまう。私は、この事実にその時点で気づいていたが、運動のありがたさに本当に気づいたのは、ローガンと私が車を手放し、毎日自転車に乗るようになってからだった。体を動かしていると、世界がもっと幸せでおもしろい場所に思えてきたのだ。

実際に、デューク大学の研究チームの調査からは、週に3回、散歩を20分するほうが、抗うつ剤を服用するより効果があることがわかっている。似たような結果は、世論調査を専門に扱うギャラップ社の「ギャラップ・ヘルスウェイズ幸福指標」でも報告されていて、「週に最低でも2回運動している人は、そうでない人に比べて幸福度が高く、ストレス度は低い」のだという。これらの報告は驚くほどのものではないかもしれないが、運動をすれば健康が保て、よりエネルギッシュになれてストレスが減り、おまけに他人にもさらに思いやりを持って接しようと思えるようになることは、覚えておいて損はないだろう。

ただし、自分ひとりで運動をするとなるとなかなか続きにくい。私の場合、誰かと一緒ならもっとやる気が湧いてくる。ワークアウト仲間がいるからこそ、私は外に飛び出していける。たとえば、私はデービスに住んでいた頃、スイミングチームに入って毎朝泳いでいた。レッスン費に毎月50ドルかかったが、それさえ支払えば、毎朝友だちと一緒に泳ぎ、コーチのおかげで泳ぎを上達させることもできた。屋外プールに――いや、たとえ屋内プールであっても――朝6時に飛び込むのは、そうそう簡単なものではなかった。でも、練習が終わる頃には元気がみなぎり、今日も1日がんばろうと思えた。

同じように、数年前にはマラソンのトレーニングをしていたこともある。私は毎朝5時に起きて友人のカイと待ち合わせをし、あらかじめ2人で決めておいたメニューをこなした。私には、やる気があってもランニング仲間がいないと、自分が絶対にトレーニングしないことがわかっていた。カイが自分を待っていてくれたからこそ、私はベッドから抜け出すことができたのだ。

だから、あなたが日々の幸せをもっと高めたいと思うなら、運動は欠かせない。そして運動を習慣にしたいなら、選ぶのは楽しめてお金がかからず、日常的に、しかも誰かと一緒にできるものにすることだ。楽しくなければ続かないのだから。ランニング、サイクリング、ハイキング、それに水泳もお勧めだが、ただ友だちや愛犬と散歩をするだけでも効果はある。

私の場合、ご褒美としておいしいものを食べるのも、幸せを高める方法の1つだ。たとえば早朝ランニングを終えると、カイと私はよくたっぷりのコーヒーを飲みに店に入った。どういうわけか、何かを成し遂げたあとに——たとえば夜明けとともに8~16キロほど走り込んだあとに——勝ちえたコーヒーやご馳走は、どんなときでも、いつも以上にありがたく感じられる。それは、幸せのために価値のある投資なのだ。

感謝の心と思い出が持つ力

祖母のマーベルの手は私に、節くれだった木の枝を思い起こさせた。祖母は関節炎で、その症状に全身悩まされており、特にひどかった手はまるで万力で固定されているかのようだった。私はよく、祖母のことを思い出す。懐かしさは思ってもいないようなときに波のように押し寄せてきて、自分でも気づかないうちに、私は思い出に足を踏み入れている。私の記憶に深く刻みつけられているのは、祖母の死を聞かされた日のことだ。

あれは、チコで学生時代を過ごしていたときのことだった。うだるような夏の日で、私は暑さから逃れるため寮の部屋に駆け込んだ。温度計は43度を指し、エアコンがまだ動くことに心から感謝した。そして、80年代のおんぼろな留守番電話が、煙探知機の電池切れを知らせるようにピッ、ピッと甲高い音をあげているのに気づいた。メッセージが1件、届いていた。

再生ボタンを押すと、父の声が聞こえてきた。大きなはっきりとした口調で、父は祖母が亡くなったと吹き込んでいた。祖父はその数年前に他界していて、その頃から祖母の健康状態は悪化し続けていた。私はこの日が来るのを覚悟していたけれど、それでもやはりショックだった。

私には、祖母に聞きたいことがまだ山ほどあった。おじいちゃんとの初デートのときはどんな気分だった？　大恐慌の頃はどんな生活をしていたの？　兄弟が8人もいるのはどんな感じ？　どうしておばあちゃんとマミーおばちゃんはあんなに仲が良かったの？　おばあちゃんは自分の人生に満足してる？

祖母の死をきっかけに、父は家族の思い出話をたくさん聞かせてくれるようになった。けれども、祖母の口からじかに聞くのとはやはり違う。祖母の死を聞かされたあの瞬間、私の心に浮かんだのは、長い時間を祖母と一緒に過ごせたことへの溢れんばかりの感謝の気持ちだった。幼い頃から私は祖母とよく一緒に時間を過ごし、当時を振り返るたびに、私は言葉にできないくらい幸せな気持ちになる。今でも、祖母の記憶はまるで焼きたてのクッキーを口に入れたときみたいに、何もかもが損なわれることなく甘いままだ。

私は5歳の頃、ラッキーチャーム［訳注：子ども向けのお菓子。シリアルの中にマシュマロが入っている］のマシュマロの部分だけを全部つまみだして食べたのを覚えている。その横で、祖母は『アズ・ザ・ワールド・ターンズ』を見ていた。アジサイの甘い香りが窓から舞い込んでいた。私はまるで暖かい毛布に包まれているみたいに、安心で幸せな気持ちになった。

また、学校から帰ると昔のダイヤル式の壁掛け電話で祖母に電話をしていたのも覚えている。電話は奇抜な黄色で、受話器はたぶん私の顔より大きかった。私は祖母とのおしゃべりが大好きで、その異様なまでに大きな電話も今では良い思い出だ。私は歳を重ねるにつれ、人生とはそういうものなんだと気づくようになった。人生を形づくっているのは、そんな小さな、でもかけがえのない、すり抜けるように通り過ぎていく瞬間なのだ。

祖母を思い出すたび、私は感謝の気持ちでいっぱいになり、喪失感は私たちが同じ時間を分かち合えたことへの感謝と愛情の気持ちで和らいでいく。研究からも、ふだんから感謝し、それを表現すればストレスや気分の落ち込み、不安などが和らぐことが明らかになっている（興味のある方はロバート・A・エモンズ著『Gの法則――感謝できる人は幸せになれる』をご一読あれ）。

そんなことから、私は最近、もっと意識して感謝の気持ちを持てるよう努力を重ねている。毎日、ありがたいと感じた出来事を1つか2つ、じっくり振り返ってみるのだ。それに加えて、感謝にまつわる名言も集めている。不安になったり落ち込んだりしたときに、その名言集を読み返すと、私の心にはまた感謝の気持ちが戻ってきて、今日も1日がんばろうと思えるのだ。それはたとえばこんな言葉だ。

感謝を表現するのは本当なら誰もができること。それにより私たちは、みんなつながっていることをもう一度思い出せる。

――バレリー・エルスター（セラピスト）

私たちの幸せを決定的に左右するのは、境遇ではなく心のあり方である。

――マーサ・ワシントン（初代アメリカ大統領ジョージ・ワシントンの妻）

感謝は口にしてこそ意味がある。

——G・B・スターン（イギリスの作家）

私たちはふだんの生活の中で、自分が与えるよりずっと多くのものを受け取っていることに気づいていない。そのことに感謝してはじめて、人生は豊かになる。

——ディートリッヒ・ボンヘッファー（ドイツのキリスト教神学者）

祖母はいつでも私に、「永遠に生きることはできないんだよ。だから毎日感謝の気持ちを持ちなさい」と言っていた。祖母には、私がカッとなったり落ち込んだりしたときに、どうすれば本当に大切なことを思い出せるか、全部お見通しだったみたいだ。祖母のこの優しい言葉のおかげで私は今こうやって、感謝の気持ちを毎日持つことができている。どの一瞬も大切にしなさい——それが祖母から私へのメッセージなのだ。

公園での出会い

公園の小道の曲がり角に差しかかったとき、若いカップルが私の前に立ちふさがった。2人は木を指さしながら、空を見上げていた。よく晴れた、気持ちのいい日曜の昼下がりだった。抜けるような青空のキャンバスには、ところどころ真っ白な雲がたなびいている。

私はカップルの横を迂回して、そのまま歩き続けた。

「おい、ベアー。どこに行くつもりだい?」後ろで男性の声がした。

振り向くと、ベアーの正体は真っ黒なピットブルテリアで、リードをぐんぐん引っ張って、私を追いかけようとしていた。

「かわいいワンちゃん! 走りたくてしょうがないのね!」私は声をかけた。

「そうなんだ。コイツはこの場所がお気に入りでね。すごくきれいだから」

そして私が再び歩き出そうとすると、彼はこう言った。「ちょっと待って。どこかポートランドでタダで楽しく遊べる場所を知らないかい? 実は僕たち、カリフォルニアから越してきたばかりで」

「そうなの? カリフォルニアのどこ?」

「シャスタ郡だよ」

「うそ!」私は思わず叫んだ。「私、レッド・ブラフ出身なの」

「そりゃすごい偶然だ! 会えてうれしいよ!」

そう言って、男性は手を差し出してきた。私たちは握手を交わすと、改めて自己紹介をした。彼の名前はブライアン、彼女はルーシーで、ピットブルテリアのベアーのほかに、子ネコのスカーレットも一緒だった。スカーレットはルーシーのハンドバッグの中に隠れていた。恐らく生後2カ月くらいで、首には小さな白いバンダナが巻かれていた。スカーレットはルーシーのバッグから飛び出すと、小道を駆け出した。私はヒヤッとしたが、ちゃんとリードがつないであった。スカーレットは木漏れ日を見つけると、その下でゴロゴロしはじめた。そして立ち上がると、ぶるっと体についた土を落として、すごいでしょと言わんばかりの顔をした。

私がブライアンにポートランドのお勧めスポットを教えていると、彼はこう口を開いた。

「僕たちがここに引っ越してきたのは、レディング［訳注：シャスタ郡の都市］のギャングや麻薬問題から逃れるためだったんだ。それに、僕の祖父の面倒を2人で見るつもりでいるんだ。祖父が住んでいるのはバンクーバーだから、どこに落ち着くべきか今考えているところなんだよ」

ブライアンはほかにも、物件や交通アクセスなどについて尋ねてきたので、私は知りうる限りの情報を教えた。そして話し終えると、「幸運を祈ってるわ」と声をかけて、その場を立ち去った。

私はこの若いカップルとの会話を、小さな我が家へ帰る途中ずっと考えていた。2人は、私に若い頃のローガンと自分を思い起こさせ、私たちが歩んできた道のりの長さを改めて感じさせた。あの2人は、大きな人生の選択をいくつもするには、あまりに若すぎるように思えた。そう思うと、私はつくづく自分が恵まれていると感じ、そのことに感謝した。

私はどんなときでも、この若いカップルをはじめたくさんの人たちが乗り越えなければならない問題に比べれば、自分の問題なんて取るに足らないものに思えてくるのだ。

私は、批判の目ではなく、思いやりの心を持って人と接するよう全力を尽くしている。でも私は完璧ではないから、いつの間にか頭の中で批判してしまっていることもある。そんなときに大切なのは、その事実から目をそらすのではなく受けとめることだ。あの若いカップルとの会話は、私に自分の以前の生活を思い起こさせた。私はどこにでも車で出かけ、イヤでたまらない仕事に行き、外で過ごす時間などほとんどなかった。もしあのまま目の回るような生活を続けていたら、きっと私は立ち止まって公園であのカップルと言葉を交わすこともなかっただろう。

それ以前に、たぶん私の姿は公園にはなかっただろう。それを考えれば、少なくともあの若いカップルは、私が心配などしなくても大丈夫だ。だって2人はすでに、たとえどこで暮らそうとも、森も公園も、木も空も太陽もいつだってそこにあり、2人に楽しんでもらえるのを待っているということに気づいているのだから。

自然とともに暮らす

友人のディー・ウィリアムスは、最近こんなことを言っていた。「タイニーハウスに住もうと思えば、自然は無視できないわ」

私がこの言葉を書いている間にも、太陽はポートランドの西の丘に沈もうとしている。

空はピンク、紫、オレンジに染まり、そのまぶしすぎる鮮やかさといったら、とても現実のものとは思えない。私はフリース毛布の中で体をすり合わせると、小さなロフトで、ローガンがコーヒーショップから帰ってくるのを待った。

飼いネコのエレーナが鳴き声をあげている。外に出て探検したいのだ。静かにしなさい、とは私には言えない。きっと、湿った芝生はそのやわらかいピンクの肉球には、たまらなく気持ちいいはずだもの。昨日、エレーナははじめて土に小さな穴を掘った。その姿は、私がこの1週間で目にした中で一番微笑ましいものだった。でもいくらエレーナがかわいくても、甘やかすことはできない。エレーナは昼は外に出ていいことになっているけれど、夜はダメ。切り立った岬をうろつくのが好きなコヨーテたちがいるからだ。

私たちがそれを知ったのは数週間前だった。隣人が大声で「ノラ！ ノラ！」と飼い犬の名前を呼んでいたので、ローガンと私は靴を履き、早足でお隣の庭に駆け寄ると、垣根越しに「大丈夫？」と声をかけた。すると、隣人はこう答えたのだ。「大丈夫よ。びっくりさせてごめんなさい。ノラがコヨーテにがぶりとやられちゃったのかと思って！」

私たちはホッとして小さな我が家に戻ってきた。そしてローガンが自転車のランプを坂の下に向けて照らすと、暗闇にギラリと光るコヨーテの目が、私たちに向けられていた。ハイエナみたいな動物が暗闇の中で私たちをじっと見ているなんて、私は考えただけでもゾッとした。だから夜エレーナがどれだけ鳴こうが、ダメなものはダメ。エレーナが彼らの夜のおつまみになどされたらたまらないもの。

エレーナはとうとうあきらめて鳴きやむと、ロフトにのぼってきた。そして私の横に座り、どうぞ続きを書いてと言わんばかりに、私の日記を見た。それから毛布の上まで来てごろんと横になり、まん丸いお腹をなめはじめた。まるで、『スター・ウォーズ』に出てくるジャバ・ザ・ハットみたい。新しい日課が功を奏すのを願うばかりだ。日中、外を走りまわるのは、彼女にとってはかなりハードな運動になっているはずだから。それどころか、こんなふうに自然と近い距離で暮らせば私たち人間だって元気でいられる。夜行性のコヨーテという、自然ならではのおまけつきだけれど。

私は、自分の人生の新たな展開にいつもびっくりさせられている。私の生活は、10年前に予想していたのとは似ても似つかないものだ。そしてそれを、私は心から幸せに思っている。こんなに素敵な、自然のリズムに調和した家で暮らせているのだから。

スモール・アクション

この章で述べたのは、小さな喜びについてのほんの一部だ。結局のところ、小さな喜びや好奇心、心に目を向ける行為は、私たちが望んでいる大きなもの、つまり思いやりや社会からのサポート、満足感、感謝の気持ち、それに幸せを私たちにもたらしてくれる。さあ、あなたはどうやって、小さな喜びの種をもっと自分の生活にまいていけるだろうか？

・自分とっての小さな喜びをリストアップする

どんな小さな出来事が、あなたに喜びや幸せを運んでくれているだろう？　どれくらいの頻度でそれは起きているだろう？　それをもっと毎日の生活に取り入れるにはどうすればいいだろう？　小さな喜びを書き出すのは、それ自体にもっと集中し、感謝するための1つの手段だ。さらに、自分では思いもよらなかった意外なことが、いくつ1日の終わりに小さな喜びとしてリストアップされているだろう？

・毎日、人に何か親切な行いをする

思いやりのある行動は本質的に、自分の生活にもまわりの人たちの生活にも波及していくものだ。思いやりのある行動は、なにも大きなものでなくてもいい。それが友だちや見ず知らずの人を巻き込んでいく。ときに、そんな行動を起こすのに必要なのは、何気ない思いつきだったりする。献血に行ったり、感謝の気持ちを綴った手紙を書いたり、友だちを夕食に呼んだりと、ちょっとしたことでいいので思いやりのある行動を毎日続けていこう。

・あれこれ悩まない

私は心配性で、どうにかこれを変えたいと思っている。簡単なことではないし訓練が必要だけれど、ぜひともやってみる価値はある。私は書き物をしているときや自分が他人からどう思われているんだろうという不安が頭にないとき、いつも以上に幸せを感じる。あなたにも不安に感じることがあるなら、行動を起こして解決していこう。そのために今日できることを1、2個でいいので明確にしよう。たとえばそれは電話をかけたり、セラピストにコンタクトを取ったり、もしくは解決策をリストアップしてみることかもしれない。

・毎日続けられるスキルアップを1つ見つける

私は写真が大好きなので、撮影のスキルを磨いている。2012年はじめには、1日1枚写真を撮り、それをブログやグーグルプラス（Google+）に投稿するという目標を立てた。今のところ、この日課は大変だけれどもやりがいがあり、私にたくさんの幸せをもたらしてくれている。だって、どんどん素敵な写真を撮れるようになっているんだもの！

エピローグ　愛すべきはモノではなく「生活」

シンプルな生き方を学んで、私の生活はびっくりするくらいたくさんの喜びに溢れるようになった。でも、私はまだまだ旅の途中で、今なお多くのことを学んでいる。私は「モノではなく生活を愛する」を旨としているけれど（これはレオ・バボータの言葉）、ときにそれは見かけほど簡単ではないこともある。この本の締めくくりとして、最後に1つ私の話を紹介しよう。

2011年の感謝祭の休暇を、カリフォルニア州ワイリーカに住むローガンの両親と過ごしたあと、ローガンと私はジップカーで借りた車で帰路についた。雨降りの中、高速を何時間も飛ばしたので、車を降りる頃には肩が凝ってクタクタに疲れていた。体が悲鳴をあげていたので、車から降りて足を思いっきり伸ばせるのがうれしかった。車を返したあと、私たちは2・5キロほどの道を小さな我が家まで歩いて帰った。

歩きながら、ローガンと私はお金について話しはじめた。すぐに、おなじみの不安が浮かんできて私はゾッとしたけれど、今回のはいつもと違う、もっと厄介な不安だった。

タイニーハウスを買うために、ローガンと私は自分たちの貯金をすべてはたき、私の両親から5000ドルを利息なしで借りていた。父も母も、私たちの夢の実現の力になれるなら喜んでと言ってくれ、利子はいらないと言って譲らなかったのだ。私たちは感謝しつつ、その言葉に甘えることにした。ローガンも私も2012年春までには借金をすべて返し切るつもりでいたが、私はこの感謝の気持ちをすぐに行動に移せないのを歯がゆく感じていた。

私は遠くに見えるスワン・アイランドに目をやった。ポートランドの工業地帯であるそこの灯りは、濃霧の中では夜空を照らす星のように見える。それを眺めながら、私はつぶやいた。「こうやってまた借金を抱えていると、自分が負け犬みたいに思えてくる。自分にもブログを読んでくれている人たちにも申し訳ない感じ。これじゃ、まるで私は詐欺師だわ」

ローガンは水たまりをよけながら、こう聞き返した。「タミー、どうして自分のことを詐欺師だなんて思うんだい？」

「自分で借金ゼロをうたっておきながら、このありさまなんですもの。振り出しに戻った気分よ。私は、自分の価値観に従って生きるためにベストを尽くしてきたのに、タイニーハウスのために、将来への投資だと言ってお金を犠牲にしてしまった。間違いだとは思っていないけど、それでまわりから批判されるのではないかと思うと怖いの」

ローガンは私をどうにか安心させようとしてくれた。私は不安になると、よく自分を見失ってしまう。今回のお金の件に関して、ローガンはこう言って私を励ましてくれた。

「5000ドルは足かせではなく投資だと考えてごらん。そんなにクヨクヨしないで。深呼吸して、自分の心の声に耳を傾けるんだ」

「あなたの言うとおりだわ」。少し考えてから私は答えた。「私たちは十分すぎるものを手にしているし、そのおかげで、私は今幸せで感謝の気持ちを持てているんですものね。ときどき、何度も同じことを学ぶ必要があるんだなという気になるわ」

生活の中でやる価値のあることは、ひと筋縄ではいかない。モノを手放し、借金を避け、大きなキャリアチェンジをするのはたやすいことではない。皮肉なことに、シンプルを追い求めれば逆に複雑になってしまったりする。たとえば、ローガンと私は借金ゼロのライフスタイルを目指すうえで、一時的とはいえ、また借金を抱えざるをえなくなった。私はそれを望んでいなかったが、言ってみればそれはある種の妥協で、長い目で見れば、どんな人でもより幸せな生活を築くには乗り越えなくてはいけない試練なのだ。

私は、自分たちのタイニーハウスを建てたいという根本的な方針を曲げなかった。でもその代わり、自分が思い描き、そして追い求めていたシンプル、幸せ、それに本物の生活とはこうであるべきという考えを捨てなければならなかった。ブレネー・ブラウンは、前にも紹介した『The Gifts of Imperfection（欠点からの贈り物）』の中で、本物とは「毎日、こうあらねばならないという自分を手放し、あるがままの自分を受け入れていく積み重ねの先に見えてくるもの」と定義している。

本当に幸せで喜びに満ちた生活を送るには、私は欠点のある本物の自分を受け入れなくてはいけないことを知った。行き詰まったり、落ち込んだりしたとき、私は友人のクリス・オバーンの「幸せへの道など存在しない。幸せとは、それを追求するときの道のりそのものなのだ」という言葉を思い出す。人生は思い描いたとおりにはいかないだろうけれど、それでも私たちは自分がなしえたことに感謝し、生活を慈しみ、毎日の小さな喜びの中から幸せを見つけなければならないのだ。

タイニーハウスを建てるのは、私たちにとって見逃すことのできないチャンスだった。そのために少ないながら借金を背負って、私たちの生活は前より複雑になった。けれども長い目で見れば、タイニーハウスに住んだおかげで、私たちはもっと人とのきずなやコミュニティ、それに周囲への恩返しを大切に思うようになるだろう。私は両親に借りたお金をすべて返し終えたら、新たにもう1つ、預金口座を作ろうと思っている。そしてそのお金は、両親が私たちにしてくれたように、家族や友人を助けるために使うつもりだ。

毎日、こんなにも小さな家で暮らしていると、愛すべきはモノではなく「生活」だと気づかされる。家は、言うなれば私を導いてくれる舵だ。もう1つ、私の生活を象徴しているものがある。アジサイのタトゥーだ。私の左腕に大きく入ったそのタトゥーは、それぞれの花が家族を表している。つまり、大叔母のマミー、祖父のオットー、それに祖母のマーベルだ。私は鏡を見るたびに、3人が幸せについて私に教えてくれたことを思い出す。

祖父の辞書への愛、祖母と並んでメロドラマを見たこと、それに小さな赤い箱に大叔母が私のために取っておいてくれたおもちゃで遊んだ日々が、全部よみがえってくる。

　振り返ってみると、かつては小さな喜びを味わっていた子どもが、あんなにもモノを欲しがる大人になっていたなんて、とても信じられない。10年前、私はこれだけ働いているのだから、いいモノを持つのは当然だと思っていた。そしてそれが、たとえば大きなダイヤモンドや新しい車、より大きな家といったものだった。それらを手に入れてみて、私は、人生はモノを追いかけるだけで終わらせるにはあまりにもったいない、貴重なものだということに気がついた。自分の時間を投げ売ってお金を得て、理想の自分や車、それに大きな家を手に入れるなんて、そんなの賢い買い物でもなんでもない。

　でもだからと言って、私にとってシンプルな暮らしは我慢を強いるものなどではない。シンプルな暮らしは、楽しみや喜びを取り上げてしまうものではないのだ。それは修行などではなく、逆に生活を、幸せを運んできてくれる素晴らしい贈り物だけで満たすことだ。そしてその幸せとは、たとえば時間、自由、さらには人とのきずなを指す。大切なのは生活であって、モノではない。

　どうかこの本が、あなたが強いきずなや、志を同じくする人たちとインテンショナル・コミュニティを育むうえでの助けになりますように。シンプルライフを通して、あなたが人生の本当の喜びに気づき、その喜びに心から感謝できることを願っている。

謝辞

私がこの本を書くことになったきっかけの1つは、本文でも述べたように、ステファニー・ローゼンブルームが『ニューヨーク・タイムズ』のビジネス欄に書いたある記事だった。その記事の中で、私は夫のローガン・スミスとともに特集され、その結果、メディアから多くの問い合わせを受けるようになった。さらに何人もの著作権代理人たちから、本の執筆を持ちかけられるようになった。私にとって本を書くのは長年の夢だったので、あのときステファニーが偶然「シンプル　幸せ」とグーグルで検索し、それがきっかけで私のブログ「RowdyKittens.com」にアクセスしてくれた偶然に心から感謝している。

能力開発研究家で講演家のデニス・ウェイトリーは、かつてこんなことを言っていた。「幸せとは、求めたり、所持したり、稼いだり、身につけたり、消費したりするものではない。幸せとは心が感じるもので、あらゆる瞬間を愛、慈悲、そして感謝の心を持って過ごすことだ」。この言葉どおり、私もたくさんの支えや励ましがなければ、これまで本を書いてはこられなかった。この本だって、これから記す素晴らしい人たちがいなければ、完成には至らなかった。すべての人たちの大小さまざまな努力に、ここに感謝の意を表したいと思う。

まずは、著作権代理人のデビッド・ヒューゲットにお礼を。最初からこの企画の成功を信じ、私がアイデアをかたちにするのを全力でサポートしてくれた。彼の励まし、忍耐、そして支えに、心から感謝する。

編集者のジェイソン・ガードナーをはじめ、出版社ニュー・ワールド・ライブラリーのチームにも深く感謝を。編集者としてのジェイソンの鋭い目があったからこそ、私はこの作品をより良いものにできた。私が作家としてここまで成長できたのも、彼のアドバイスと励ましのおかげだ。

クリス・オバーン、コートニー・カーバー、ジョリー・ギルボー、ディー・ウィリアムス、ミシェル・ジョーンズをはじめ、この本の執筆を応援してくれたすべての人たちに心から感謝の言葉を贈りたい。私がつまずき、このプロジェクトを達成する能力が自分にはないのではないだろうかと疑いはじめたとき、誰もが貴重なアドバイスで私を勇気づけてくれた。

そして家族こそ、今も昔も変わらず私の何よりの幸せの源だ。両親の存在がなければ、私は今、こうやってペンを握っていなかっただろう。母キャシーには感謝してもし尽くせない。母は私を10年間、一生懸命女手ひとつで育ててくれた。母は私のインスピレーションの源で、私は心の底から母を愛している。彼女が私の継父であるメイランと出会ったのは、ちょうど私が思春期の頃だった。それから何十年にもわたり、メイランは私に知恵と強さを絶えず与え、温かい手を差し伸べてくれた。悲しいことに、彼はこの本が完成する数週間前に他界した。誰からも愛される人だったので、その死は悼まれることだろう。対照的に実父はまるで「嵐のノーマン」［訳注：湾岸戦争時に前線で指揮を取ったアメリカの軍人、ノーマン・シュワルツコフの異名］のような人で、私の人生の選択に歯に衣を着せない質問を投げかけ、常に私の理想を厳しい目で評価してくれている。

この本のためにインタビューさせてくれた尊敬すべき人たちへ――本当にありがとう。みんなの話が聞けたからこそ、この本は今こうしてここにある。

ブログの読者にも心からのお礼を！　ブログ開設からの4年間、サイトに遊びにきてくれてありがとう。みんなのワンクリックと温かい書き込みに心から感謝する。いつも私を支えてくれて、本当にありがとう。

そして最後に、夫ローガンに心からの感謝を伝えたい。私がくじけそうなとき、彼はいつも私を励まし、親身になって話に耳を傾けてくれた。彼のそんな支えがなければ、とてもじゃないけれどこの本は書けなかった。私は、バーなどで真実の愛が生まれて、しかもその人と結婚することになるなんて、本当に思ってもいなかった。でも、今私はその人と一緒にいる。彼以上の良き友、そして人生のパートナーはどこを探してもいないだろう。

注記

２０１０年の終わりから２０１１年の終わりにかけて、この本の執筆にあたり、私はたくさんの人たちにインタビューを行った。インタビューはすべて、直接会うか電話で行ったが、なかには匿名希望の人もいた。そのような人に対しては、プライバシーを考慮し、個人が特定されるような情報は避けるとともに、名前については仮名とした。個人でブログやウェブサイトを運営している人もいる。それに関しては「出典・参考文献」をご確認いただきたい。

プロローグ 「ふつう」を見直そう

P6 すべてのはじまりは、ユーチューブ（YouTube）に投稿されたわずか数分間のビデオだった：Dee Williams, “Dream House: Featuring Dee Williams” NAU, November 6, 2006, http://www.youtube.com/watch?v=eZM2G-PfEbc

P7 ある記事では、ディーがグアテマラで学校を建てる活動に参加したことが紹介されていた：Carol Estes, “Living Large in a Tiny House,” *Yes!*, October31, 2008, http://www.yesmagazine.org/issues/sustainable-happiness/living-large-in-a-tiny-house.

P8 生活はシンプルに、考え方は大胆に――ディーとの出会いにより、私の中でそんな思いが湧き起こった：Stephen Post, “It's Good to Be Good: 2011 Fifth Annual Scientific Report on Health, Happiness, and Helping Others,” the Institute for Research on Unlimited Love, Case Western Reserve University, 2011, http://www.unlimitedloveinstitute.org/publications/pdf/Good_to_be_

Good_2011.pdf.
Stephen Post, "Altruism, Happiness, and Health: It's Good to Be Good," *International Journal of Behavioral Medicine* 12, no.5 (2005): 66-77.

P8　２０１１年９月、アメリカの貧困率は15・１％に達し（以下省略）：Pam Fessler, "Census: 2011 Saw Poverty Rate Increase, Income Drop," NPR, September 23, 2011, http://www.npr.org/2011/09/13/140438725/census-2010-saw-poverty-rate-increase-income-drop.
Mellody Hobson, "Mellody's Math: Credit Card Cleanup," *ABC News*, February 28, 2009, http://abcnews.go.com/GMA/FinancialSecurity/story?id=126244&page=1

第１章　モノを買っても幸せにはなれない

P19　イギリスのニュー・エコノミクス財団による地球幸福度指数の調査では（以下省略）："The Happy Planet Index 2.0: Why Good Lives Don't Have to Cost the Earth," New Economics Foundation, 2009, http://www.happyplanetindex.org/learn/download-report.html.

P20　１９７６年に当時18歳の大学１年生１万２０００人を対象に行われた調査において（以下省略）：J. H. Pryor and others, "The American Freshman—National Norms for Fall 2005," Higher Education Research Institute, University of California at Los Angeles, 2006.

P21　サミュエル・アレクサンダーとサイモン・アッシャーは２０１１年、シンプルライフをあえて選ぶ人の増加に関するグローバルなオンライン調査を行った：Samuel Alexander and Simon Ussher, "The Voluntary Simplicity Movement: A Multi-national Survey Analysis in Theoretical Context," Simplicity Institute, http://simplicityinstitute.org/publications.

第2章　「人がモノを」ではなく「モノが人を」支配している

P34　２００９年時点で、アメリカ国内の個人向けレンタル倉庫の数は５万施設以上：Facts & Trends Reports, Self Storage Association, http://www.selfstorage.org.
Michelle Hofmann, "The S-t-r-e-t-c-h Garage," *Los Angeles Times*, October 1, 2006, http://articles.latimes.com/2006/oct/01/realestate/re-garages1.

P34　毎年、クリスマス商戦がいっせいにスタートするブラック・フライデー当日、アメリカでは数百万人がわざわざ早起きして開店前の大型店舗に列をなし（以下省略）："Black Friday," *New York Times*, November 28, 2011, http://topics.nytimes.com/top/reference/timestopics/subjects/r/retail_stores_and_trade/black_friday/index.html.
Stephanie Clifford, "Shoppers Flock to the Mall to Hunt Deals," *New York Times*, November 26, 2010, http://www.nytimes.com/2010/11/27/business/27shop.html?_r=1.

P35　２００８年には、ウォルマートで男性店員が死亡する事故まで起きた：Ken Belson and Karen Zraick, "Mourning a Good Friend, and Trying to Make Sense of a Stampede," *New York Times*, November 29, 2008, http://www.nytimes.com/2008/11/30/nyregion/30walmart.html.

P37　さまざまな研究から、借金は私たちの体と心の両方に悪影響をおよぼす恐れがあることがわかっている：R. Jenkins and others, "Debt, Income and Mental Disorder in the General Population," *Psychological Medicine* 38 (2008): 1485–93.

P38　その証拠に、２００８年7月には、マサチューセッツ州に住む53歳のカーリーン・ヴァレラという女性が（以下省略）：Michael Levenson, "The Anguish of Foreclosure," *Boston Globe*, July 24, 2008, http://www.boston.com/news/local/articles/2008/07/24/the_anguish_of_foreclosure/.

P42　『ＵＳＡトゥデイ』紙は、アメリカ人学生のクレジットカードの繰り越し金平均額は３０００ドルを上回り（以下省略）：Kathy Chu, "Average College Credit Card Debt Rises with Fees, Tuition," *USA Today*, April 13, 2009, http://www.usatoday.com/money/perfi/credit/2009-04-12-college-credit-card-debt_N.htm.

P44 ある研究によると、私たちは自分が思っている以上に「他人からどう見られているか」を意識しているという：T. Kasser and K. M. Sheldon, "Of Wealth and Death: Materialism, Mortality Salience, and Consumption Behavior," *Psychological Science* 11(2000): 348–51.

P45 フランクをはじめとする研究者たちによると、私たちが家や車、洋服にお金をつぎ込むのは（以下省略）：S. Lyubomirsky and L. Ross, "Hedonic Consequences of Social Comparison: A Contrast of Happy and Unhappy People," *Journal of Personality and Social Psychology* 73 (1997): 1141–57.

第４章 借金の底力

P80 研究者たちによれば、目標を書き出すのは、自分の未来を具体的にイメージするのに効果的だという：L. A. King, "The Health Benefits of Writing about Life Goals," *Personality and Social Psychology Bulletin* 27(2001): 798–807.

P81 米国自動車協会の調べによると、平均的なアメリカ人が車にかける費用は年間９０００ドルで、これは収入全体の20%に当たる額だという：Behind the Numbers: Your Driving Costs, AAA, 2009, http://puff.lbl.gov/transportation/transportation/energy-aware/pdf/aaadrivingcosts2009.pdf.

P82 私のこのような変化は研究結果でも証明されていて、十分な運動はストレスを軽減し（以下省略）：Elizabeth Mendes, "In U.S., Nearly Half Exercise Less Than Three Days a Week," *Gallup*, May 26, 2009, http://www.gallup.com/poll/118570/nearly-half-exercise-less-three-days-week.aspx.
S. J. H. Biddle and P. Ekkekakis, "Physically Active Lifestyles and Wellbeing," in *The Science of*

Well-being (New York: Oxford University Press, 2006), 141–64.

第5章　売れるモノは売り、残りは寄付する

P106　私には、ディー・ウィリアムスの力強い言葉で、今でも折に触れて思い出すものがある：Dee Williams, "Dream Big, Live Small," TEDxConcordiaUPortland, 2011, http://tedxtalks.ted.com/video/TEDxConcordiaUPortland-Dee-Will.

P111　この点については、1978年に心理学者のフィリップ・ブリックマンが行った幸福度についての研究が広く引き合いに出されている：Philip Brickman, "Lottery Winners and Accident Victims: Is Happiness Relative?" *Journal of Personality and Social Psychology* 36(1978): 917.

P122　エール大学とニューハンプシャー大学の研究者チームは（中略）モノと安心感に関する興味深い研究結果を発表している：M. Clark and others, "Heightened Interpersonal Security Diminishes the Monetary Value of Possessions," *Journal of Experimental Social Psychology* 47(2010): 359–64.

第7章　仕事を見つめ直す

P168　記事は、最終的に日曜版『ニューヨーク・タイムズ』のビジネス欄の第1面に掲載され（著者が特集された取材記事とテレビ番組について）：Stephanie Rosenbloom, "But Will It Make You Happy?" *New York Times*, August 7, 2010, http://www.nytimes.com/2010/08/08/business/08consume.html?_r=4&pagewanted=1.

"Can Money Buy Happiness?" *The Today Show*, 2010, http://today.msnbc.msn.com/id/26184891/vp/38655998%2338655998#38655998.

第8章　時間こそ本当の豊かさ

P178　2007年には、プリンストン大学の経済学教授アラン・クルーガーが「Are We Having More Fun Yet?（私たちはなぜ楽しもうとしないのか?-）」という論文を発表した：Alan B. Krueger, "Are We Having More Fun Yet? Categorizing and Evaluating Changes in Time Allocation," *Project Muse*, 2008, http://muse.jhu.edu/journals/eca/summary/v2007/2007.2krueger.html.

P179　ある研究では、プライベートな時間とお金のどちらに比重を置くかで、幸福度にどんな影響が出るかという実験がなされている：C. Mogilner, "The Pursuit of Happiness: Time, Money, and Social Connection," *Psychological Science* 21, no. 9 (2010): 1348–54.

P180　スイスの政治経済学者、アロイス・スタッツァーとブルーノ・フライは論文（中略）の中で、長距離の通勤が私たちの幸せや健康に害をおよぼすと述べている：Alois Stutzer and Bruno Frey, "Stress That Doesn't Pay: The Commuting Paradox" (working paper, Institute for Empirical Research in Economics, University of Zurich, 2004), http://econpapers.repec.org/paper/zuriewwpx/151.htm.

P184　今日、アメリカの一般的な家庭を覗けば人の数よりテレビの数が多かったりする：Bureau of Labor Statistics, "American Time Use Survey," http://www.bls.gov/tus/（accessed 2009）
Alana Semuels, "Television Viewing at All-Time High," *Los Angeles Times*, February 24, 2009, http://articles.latimes.com/2009/feb/24/business/fi-tvwatching24.

P188　2010年9月、BCSはインターネットの使用と幸せに関する興味深い報告を行った："The Information Dividend: Why IT Makes You 'Happier,'" the Chartered Institute for IT, September 2010, http://www.bcs.org/content/conWebDoc/35476.

P188　数多くの研究や報告により、絶えずパソコンや携帯でメールをチェックしたり、SNSにアクセスしたりする行為が（以下省略）：Matt Richtel, "Attached to Technology and Paying a Price," *New York*

Times, June 6, 2010, http://www.nytimes.com/2010/06/07/technology/07brain.html?pagewanted=1&ref=matt_richtel; "Growing Up Digital, Wired for Distraction," *New York Times*, November 21, 2010, http://www.nytimes.com/2010/11/21/technology/21brain.html?ref=yourbrainoncomputers; "Digital Overload: Your Brain on Gadgets," National Public Radio, August 24, 2010, http://www.npr.org/templates/story/story.php?storyId=129384107.

Libby Copeland, "The Anti-social Network: By Helping Other People Look Happy, Facebook Is Making Us Sad," *Slate*, January 26, 2011, http://www.slate.com/id/2282620/.

Sherry Turkle, *Alone Together: Why We Expect More from Technology and Less from Each Other*

William Powers, *Hamlet's Blackberry*

P188 シェリー・タークルは、テクノロジーとの付き合い方に関する本を多数執筆していて、最近では「私たちは（中略）それを四六時中使うことでどんな影響があるかを絶えず自問自答する必要がある」と述べている：Sherry Turkle, "Alive Enough?" the Civil Conversation Project, On Being series, American Public Radio, September 1, 2011, http://being.publicradio.org/programs/2011/ccp-turkle/.

P189 ジャーナリストのマージョリー・コネリーが『ニューヨーク・タイムズ』に寄せた記事によると（以下省略）：Marjorie Connelly, "More Americans Sense a Downside to an Always Plugged-In Existence," *New York Times*, June 6, 2010, http://www.nytimes.com/2010/06/07/technology/07brainpoll.html?ref=technology.

第9章　お金 VS 経験

P198 小説家でエッセイストのスコット・ラッセル・サンダーズは、「Breaking the Spell of Money（お金の呪縛を解くために）」という記事の中でこう述べている：Scott Russell Sanders, "Breaking the

"Spell of Money," *Orion*, July/August 2011, http://www.orionmagazine.org/index.php/articles/article/6343/.

P203　最近の論文の中で、ダン率いる研究チームは、「収入はひとたび私たちの基本的なニーズを満たしてしまえば、そのあと幸せの大きな要因になることはない」と述べている。: Elizabeth W. Dunn, D. Gilbert, and T. Wilson, "If Money Doesn't Make You Happy Then You Probably Aren't Spending It Right," *Journal of Consumer Psychology* (2010); L. Aknin, M. I. Norton, and Elizabeth W. Dunn, "From Wealth to Well-Being? Money Matters, but Less Than People Think," *Journal of Positive Psychology* 4 (2009): 523–27.

第10章　大切なのはモノではなく「人とのつながり」

P213　人間関係は、ないがしろにできないものだ。なぜなら毎日、今この瞬間も私たちを取り巻いているからだ: R. F. Baumeister and others, "Social Rejection Can Reduce Pain and Increase Spending: Further Evidence That Money, Pain, and Belongingness Are Interrelated," *Psychological Inquiry* 19 (2008): 145–47.

E. Berscheid, "The Human's Greatest Strength: Other Humans," in *A Psychology of Human Strengths: Fundamental Questions and Future Directions for a Positive Psychology*, ed. L. G. Aspinwall and U. M. Staudinger (Washington, DC: American Psychological Association, 2003).

D. Buettner, "New Wrinkles on Aging," *National Geographic*, November 2005.

第11章　コミュニティとつながる秘訣

P240　数々の研究により、人は困難な状況に置かれるとお互いに助け合うことでどうにか持ちこたえ、成長しようとすることがわかっている：M. Y. Barlett and D. DeSteno, "Gratitude and Prosocial Behavior: Helping When It Costs You," *Psychological Science* 17 (2006): 319–25.

P240 その例として挙げられるのが、5人の女性のボランティア活動を3年間にわたって追ったある小規模な実験だ：C. E. Schwartz and M. Sendor, "Helping Others Helps Oneself: Response Shift Effects in Peer Support," *Social Science and Medicine* 48 (1999): 1563–75.

P242 そんなとき、ブログの読者が「ＳＨＩＦＴ（シフト）」という団体のＵＲＬを送ってくれた。ホームページを見ると、そこには次のように書かれていた：The Shift 2 Bikes "Who We Are", http://shift2bikes.org/whoWeAre.php.

第12章　小さな喜びが持つ力

P252 ベルギーの研究チームの報告によると、小さな喜びを味わう能力は裕福な人ほど低く（以下省略）：F. B. Bryant and J. Veroff, Savoring: *A New Model of Positive Experience* (Mahwah, NJ: Erlbaum, 2006).

P253 私はソニア・リュボミアスキーの言う、「トラウマに恩恵を見出す」人たちの目撃者になっていた：R. G. Tedeschi and L. G. Calhoun, "Posttraumatic Growth: Conceptual Foundations and Empirical Evidence," *Psychological Inquiry* 15 (2004): 1–18.

P258 これらの報告は驚くほどのものではないかもしれないが、運動をすれば健康が保て、よりエネルギッシュになれてストレスが減り(以下省略)：Sullivan and M. J. Sullivan, "Promoting Wellness in Cardiac Rehabilitation: Exploring the Role of Altruism," *Journal of Cardiovascular Nursing*, 11, no. 3 (1997): 43–52.

P262 祖母を思い出すたび、私は感謝の気持ちでいっぱいになり（幸福な記憶に関する科学的検証）：F. B.

Bryant, C. M. Smart, and S. P. King, "Using the Past to Enhance the Present: Boosting Happiness through Positive Reminiscence," *Journal of Happiness Studies* 6 (2005): 227–60.

(感謝の気持ちに関する参考文献)：B. L. Fredrickson and others, "What Good Are Positive Emotions in Crises?: A Prospective Study of Resilience and Emotions Following the Terrorist Attacks on the United States in September 11, 2001," *Journal of Personality and Social Psychology* 84 (2003): 365–76.

P. C. Watkins, D. L. Grimm, and R. Kolts, "Counting Your Blessings: Positive Memories Amount to Grateful Persons," *Current Psychology: Developmental, Learning, Personality, Social* 23 (2004): 52–67.

P268 この章で述べたのは、小さな喜びについてのほんの一部（心に目を向けることのメリットに関して）：K. W. Brown, and R. M. Ryan, "The Benefits of Being Present: Mindfulness and Its Role in Psychological Well-Being," *Journal of Personality and Social Psychology* 84 (2003): 822–48.

出典・参考文献

出典

『頭のいい人が「脳のため」に毎日していること』トッド・カシュダン著、茂木健一郎訳、三笠書房、2010年
『一流のプロは「感情脳」で決断する』ジョナ・レーラー著、門脇陽子訳、アスペクト、2009年
『1本足の栄光――ある片足アスリートの半生』ポール・マーティン著、小滝頼介訳、実業之日本社、2004年
『「今、ここ」を生きる』ヨンゲイ・ミンゲール・リンポチェ著、今本渉／松永太郎訳、PHP研究所、2011年
『孤独なボウリング――米国コミュニティの崩壊と再生』ロバート・D・パットナム著、柴内康文訳、柏書房、2006年
『幸せがずっと続く12の行動習慣』ソニア・リュボミアスキー著、金井真弓訳、日本実業出版社、2012年
『Gの法則――感謝できる人は幸せになれる』ロバート・A・エモンズ著、片山奈緒美訳、サンマーク出版、2008年
『常識からはみ出す生き方――ノマドワーカーが贈る「仕事と人生のルール」』クリス・ギレボー著、中西真雄美訳、講談社、2012年
『人生は「幸せ計画」でうまくいく！』グレッチェン・ルービン著、花塚恵訳、サンマーク出版、2010年
『つながらない生活――「ネット世間」との距離のとり方』ウィリアム・パワーズ著、有賀裕子訳、プレジデント社、2012年
『ディープエコノミー』ビル・マッキベン著、大槻敦子訳、英治出版、2008年
『働きすぎのアメリカ人』ジュリエット・ショアー著、森岡孝二／青木圭介／成瀬龍夫／川人博訳、窓社、1993年

『100個チャレンジ』デーブ・ブルーノ著、ボレック光子訳、飛鳥新社、2011年
『ホーダー――捨てられない・片づけられない病』ランディ・フロスト／ゲイル・スティケティー著、春日井晶子訳、日経ナショナルジオグラフィック社、2012年
『メッシュ――すべてのビジネスは〈シェア〉になる』リサ・ガンスキー著、実川元子訳、徳間書店、2011年
Brown, Brené. *The Gifts of Imperfection: Let Go of Who You Think You're Supposed to Be and Embrace Who You Are*. Minnesota: Hazelden, 2010.
Brown, Brené. *I Thought It Was Just Me (but It Isn't): Telling the Truth about Perfectionism, Inadequacy, and Power*. New York: Gotham Books, 2007.
Claiborne, Shane. *The Irresistible Revolution: Living as an Ordinary Radical*. Grand Rapids, MI: Zondervan, 2006.
Frank, Robert. *Luxury Fever: Weighing the Cost of Excess*. Princeton, NJ: Princeton University Press, 2010.
Heinberg, Richard. *The End of Growth: Adapting to Our New Economic Reality*. Gabriola Island, BC: New Society Publishers, 2011.
Leleux, Robert. *The Living End: A Memoir of Forgetting and Forgiving*. New York: St. Martin's Press, 2012.
Leonard, Annie. *The Story of Stuff: How Our Obsession with Stuff Is Trashing the Planet, Our Communities, and Our Health — And a Vision for Change*. New York: The Free Press, 2010.
Levine, Madeline. *The Price of Privilege: How Parental Pressure and Material Advantage Are Creating a Generation of Disconnected and Unhappy Kids*. New York: Harper Collins, 2006.
Robin, Vicki, Joe Dominguez, and Monique Tilford. *Your Money or Your Life: 9 Steps to Transforming Your Relationship with Money and Achieving Financial Independence*. Rev. ed. New York: Penguin, 2008.
Twitchell, James B. *Branded Nation*. New York: Simon & Schuster, 2004.

参考文献

『奇跡の脳：脳科学者の脳が壊れたとき』ジル・ボルト・テイラー著、竹内薫訳、新潮社、２０１２年

『結婚生活を成功させる七つの原則（新装版）』ジョン・M・ゴットマン／ナン・シルバー著、松浦秀明訳、第三文明社、２００７年

『幸福の研究——ハーバード元学長が教える幸福な社会』デレック・ボック著、土屋直樹／茶野努／宮川修子訳、東洋経済新報社、２０１１年

『消費伝染病「アフルエンザ」——なぜそんなに「物」を買うのか』ジョン・デ・グラーフ／トーマス・H・ネイラー／デイヴィッド・ワン著、上原ゆうこ訳、日本教文社、２００４年

『地球白書（２００４-05）——ワールドウォッチ研究所』クリストファー・フレイヴィン著、家の光協会、２００４年

『なぜか考えすぎる女性のストレス脱出法』スーザン・ノーレン＝ホークセマ著、清水由貴子訳、ＰＨＰ研究所、２００７年

『人を助けるということ：苦しい時を乗り越えるために』スティーブン・ポスト著、ケイ洋子訳、創元社、２０１３年

Hanson, Rick, and Richard Mendius. *Buddha's Brain: The Practical Neuroscience of Happiness, Love, and Wisdom*. Oakland, CA: New Harbinger Publications, 2009.

Kilbourne, Jean. *Can't Buy My Love: How Advertising Changes the Way We Think and Feel*. New York: Free Press, 2000.

Layard, Richard. *Happiness: Lessons from a New Science*. New York: Penguin Press, 2004.

Lovenheim, Peter. *In the Neighborhood: The Search for Community on an American Street, One Sleepover at a Time*. New York: Perigee Trade, 2010.

Marcos, Subcomandante Insurgente. *Our Word Is Our Weapon: Selected Writings.* Edited by Juana Ponce de León. New York: Seven Stories Press, 2002.
Salomon, Shay. *Little House on a Small Planet: Simple Homes, Cozy Retreats, and Energy Efficient Possibilities.* Connecticut: Lyons Press, 2006.
Turkle, Sherry. *Alone Together: Why We Expect More from Technology and Less from Each Other.* New York: Basic Books, 2011.
Vanderkam, Laura. *168 Hours: You Have More Time Than You Think.* New York: Penguin, 2010.

ウェブサイト、ブログ

シンプルライフ、タイニーハウス、幸せをテーマにしたウェブやブログもたくさんある。ここに挙げるのは私のお気に入りのほんの一部だ。私のダウンサイジングを助けてくれたように、どうかあなたの役にも立ちますように！

【シンプルライフ／幸せ】

「Becoming Minimalist」http://www.becomingminimalist.com/（ジョシュア・ベーカーのブログ。「賢くミニマリストになろう」がテーマ）
「Be More with Less」http://www.bemorewithless.com/（多発性硬化症と向き合うコートニー・カーバーのブログ。シンプルライフと生きることの意味を見つめ直すことがテーマ）
「Forever Arriving」http://foreverarriving.blogspot.jp/（アメリカ中のインテンショナル・コミュニティを旅するリンゼイ・ホフマンのブログ）
「Get Rich Slowly」http://www.getrichslowly.org/blog/（J・D・ロスのブログ。お金の問題を解決するヒント

がいっぱい）

「Gwen Bell Dot Com」http://gwenbell.com/（グウェン・ベルによるサイト。仕事、旅、ヨガ、経験のシェアなど、さまざまなトピックについて書かれている）

「Happy Planet Index」http://www.happyplanetindex.org/（富に関するデータや報告、さらに幸福、消費、持続可能社会に関するニュースを紹介するサイト）

「The Happiness Project」http://www.happiness-project.com/（幸せがたくさん詰まった、私が作家として本格的に活動する後押しをしてくれたサイトの1つ）

「Jolie Guillebeau: Paintings and Prints」http://jolieguillebeau.com/（画家ジョリー・ギルボーの作品紹介サイト。我が家にある唯一の絵も彼女の作品）

「miss minimalist」http://www.missminimalist.com/（フランシーン・ジェイによるサイト。「ミニマリズムとは空っぽになるのを目指して行うものではなく、ゆとりを持ってもっと柔軟に物事を考え、素晴らしい世界に自分を解放すること」がモットー）

「The Path Less Pedal」http://pathlesspedaled.com/（ラス・ロカとローラ・クロフォードによるブログ。2人は2009年にダウンサイジングをスタートさせ、それ以降、自転車でアメリカ中を旅している）

「Simplicity Institute」http://simplicityinstitute.org/（民間シンクタンク機関シンプリシティ・インスティテュートが運営するサイト。ポスト消費主義を定性調査や定量調査を通して研究している）

「Smashed Picket Fences」http://smashedpicketfences.com/（ライター、ティナ・スミスによるサイト。ノンフィクションをはじめ、子育て、料理などに関する愉快なストーリーが紹介されている）

「stone soup—five ingredient recipes」http://thestonesoup.com/blog/（シンプル、簡単、ヘルシーと3拍子揃ったレシピを多数紹介したサイト）

「Undefinable You」http://www.undefinableyou.com/（ダスティ・アラブによるサイト。キャリアチェンジや何

か打ち込めることを探している人は必見）
「Gallup-Healthways Well-Being Index」http://www.well-beingindex.com/（ギャラップ社によるサイト。健康と幸せに関する興味深い情報がいっぱい）
「Zen Habits」http://zenhabits.net/（レオ・バボータのブログ。２００７年全世界ブログ総合大賞受賞。混沌とした日常の中にシンプルさを見出すのを目的とし、「余計なモノを取り除いて本当に大切なことにフォーカスし、素晴らしいことを成し遂げて幸せを手に入れよう」がテーマ）

【タイニーハウス】

「PDAtinyhouses」http://padtinyhouses.com/（我が家の設計・建設を行ってくれたディー・ウィリアムスとケイティ・アンダーソンが設立した会社のホームページ）
「Relaxshacks.com」http://relaxshacks.blogspot.jp/（さまざまなタイニーハウスを紹介したサイト）
「Small House Society」http://www.resourcesforlife.com/small-house-society（タイニーハウスでの暮らしを応援する情報サイト）
「Tiny」http://tiny-themovie.com/（タイニーハウスで暮らす人々の生活を追ったドキュメンタリー映画。２０１２年春から主にアメリカ国内の映画祭で上映中）
「Tiny House Blog—Living Simply in Small Spaces」http://tinyhouseblog.com/（ケント・グリズウォルドによるブログ）
「Tiny House Design」http://www.tinyhousedesign.com/（マイケル・ジャンツェンによるブログ）
「Tiny r(E)volution」http://tinyrevolution.us/（アンドリュー・オドムによるブログ）
「Tumbleweed Tiny House Company」http://www.tumbleweedhouses.com/（ジェイ・シェイファーが運営するタイニーハウスの建築会社サイト）

【著者紹介】

タミー・ストローベル（Tammy Strobel）

ライター。2007年終わりからブログ「RowdyKittens.com」を開設し、自身のシンプルライフや体験談を公開している。その取り組みは、これまで『ニューヨーク・タイムズ』『USAトゥデイ』などの新聞、『トゥデイ』やCNN、MSNBCなどのテレビ番組をはじめ、さまざまなメディアで特集されている。趣味は写真、ボランティア、家族や友人とのんびり過ごすこと。本書執筆当時のオレゴン州ポートランドから母の暮らす故郷、カリフォルニア州レッド・ブラフに引っ越し、家族とのつながりを大切にしながら、わずか6畳ほどの「タイニーハウス」で夫と2匹のネコと一緒に暮らしている。

【訳者紹介】

増田沙奈（ますだ・さな）

1986年生まれ。神戸女学院大学文学部英文学科卒業。訳書に『3にんのおひめさま』（フレーベル館キンダーブック）、『世界一ずる賢い価格戦略』（ダイレクト出版）、『何が起きても平常心でいられる技術』（アチーブメント出版）などがある。生まれ育った奈良の地で、タミーと同じく2匹のネコとのんびり暮らす。

スマートサイジング
価値あるものを探す人生

二〇一三年九月二六日　初刷発行

著　者　タミー・ストローベル
訳　者　増田沙奈
発行者　井上弘治
発行所　駒草出版　株式会社ダンク 出版事業部
〒一一〇-〇〇一六
東京都台東区台東三-一六-五 ミハマビル九階
TEL 〇三(三八三四)九〇八七
FAX 〇三(三八三一)八八八五
http://www.komakusa-pub.jp/

ブックデザイン　轡田昭彦／坪井朋子
カバー写真　©MASAAKI HIRAGA/orion/amanaimages
翻訳協力　株式会社トランネット
印刷・製本　大日本印刷株式会社

落丁・乱丁本はお取り替えいたします。
定価はカバーに表示してあります。

2013, Printed in Japan
ISBN978-4-905447-19-1